LECTURAS

Serie dirigida por Fausto Hernández Trillo

107

1 Morzo, 2015

To our very dear
friends, Jueee
eeed Clive, with
cariño special.

[signature]

EL TLC Y LA FORMACIÓN DE UNA REGIÓN
NAFTA AND THE BUILDING OF A REGION

LECTURAS

107

El TLC
y la formación de una región
UN ENSAYO DESDE LA PERSPECTIVA MEXICANA

NAFTA
and the Building of a Region
AN ESSAY FROM THE MEXICAN PERSPECTIVE

JAIME SERRA PUCHE

EL TRIMESTRE

ECONÓMICO

FONDO DE CULTURA ECONÓMICA

Primera edición, 2015

Serra Puche, Jaime
El TLC y la formación de una región. Un ensayo desde la perspectiva mexicana = NAFTA and the Building of a Region. An Essay From the Mexican Perspective / Jaime Serra Puche. — México : FCE, 2015.
141 p. ; 21 × 14 cm — (Colec. Lecturas de El Trimestre Económico ; 107)
Nota: Edición bilingüe
ISBN 978-607-16-2524-3

1. Tratado de Libre Comercio - Canadá - Estados Unidos de Norteamérica - México 2. Tratado de Libre Comercio - Análisis 3. Comercio exterior - México 4. Economía internacional I. Ser. II. t.

LC HF1776   Dewey 382.9 S767t

Distribución mundial

Diseño de portada: Laura Esponda Aguilar

D. R. © 2015, Fondo de Cultura Económica
Carretera Picacho-Ajusco, 227; 14738 México, D. F.

Empresa certificada ISO 9001:2008
Comentarios: trimestre@fondodeculturaeconomica.com

www.fondodeculturaeconomica.com
Tel. (55)5227-4672; fax (55)5227-4694

ISBN 978-607-16-2524-3

Impreso en México • *Printed in Mexico*

EL TLC
Y LA FORMACIÓN DE UNA REGIÓN

Un ensayo desde la perspectiva mexicana

Este ensayo es un compendio de todas las presentaciones que hice con motivo del vigésimo aniversario del Tratado de Libre Comercio de América del Norte y expande en tiempo y alcance las mediciones y el análisis econométrico que se usaron en mi artículo *La apertura comercial. Los grandes problemas de México* (2010). Agradezco la extraordinaria asistencia de Andrés Hernández Fonseca.

INTRODUCCIÓN

El vigésimo aniversario del Tratado de Libre Comercio de América del Norte (TLCAN, en adelante sólo TLC) es una ocasión propicia para revisar sus resultados y para discutir el futuro de la apertura comercial de México y, más específicamente, del propio TLC. Este ensayo tiene un doble propósito: el primero es evaluar si se han alcanzado los objetivos del TLC, dicha evaluación está basada en pruebas econométricas y utiliza la información empírica disponible; el segundo es trazar el camino hacia el futuro de una mayor integración de la región.

Durante estos 20 años se ha publicado un sinnúmero de artículos y libros que exploran la naturaleza del TLC y sus efectos económicos, sociales y políticos en los tres países de América del Norte.[1] Los resultados de las diferentes investigaciones son significativamente variados. El contraste entre evaluaciones positivas de algunos especialistas y la crítica que tiene presencia en la prensa diaria se explica, en gran medida, por una diferencia de perspectiva: los expertos suelen hacer sus comentarios con base en un entendimiento comprensivo de los objetivos del alcance del Tratado, y juzgan sus resultados a la luz de las disposiciones que el texto contiene, mientras que la opinión menos especializada suele estar referida a una mejora en el desempeño general de la economía que, se esperaba, el Tratado produciría y que, se percibe, no ocurrió.

---

[1] JSTOR reporta 288 artículos arbitrados para el tema del TLC. Por su parte, Amazon, la principal librería en Internet, registra más de 1 000 libros sobre el tema. Además, en el buscador World Cat se pueden encontrar más de 1 500 libros publicados. Cabe señalar que se están considerando únicamente aquellos artículos arbitrados y libros cuyos títulos hacen referencia al TLC (*i.e.* los títulos que contienen la palabra *NAFTA*).

Por ello, conviene recordar cuáles fueron los propósitos fundamentales que México tenía al negociar el acuerdo que nos ocupa.

Las dos razones fundamentales para negociar el TLC fueron la necesidad de impulsar el crecimiento de las exportaciones no petroleras y de lograr un influjo más grande de inversión extranjera directa (IED) en el país. Lo primero, para inducir una mayor generación de empleos en los sectores manufactureros, que utilizan intensivamente la mano de obra, y lo segundo, para complementar el ahorro interno que se había mostrado claramente insuficiente para financiar el crecimiento de la economía.

Este ensayo presenta, primero, una historia breve de la apertura comercial a partir del ingreso de México al Acuerdo General sobre Aranceles Aduaneros y Comercio (GATT, por sus siglas en inglés, 1986). Allí se analiza el grado de apertura que México consolidó en ese momento, así como la apertura que conllevó la introducción del Pacto de Solidaridad Económica (Pacto, 1987); también se examina la desgravación que acompañó al TLC (1994) y la apertura posterior que siguió con la firma de los demás tratados de libre comercio suscritos por el país. Asimismo, se estudian las repercusiones de esta apertura en la asignación de recursos entre la producción de bienes importables y exportables. En segundo lugar, se estudian los principales resultados del TLC y de sus principales características, que dieron lugar a la apertura más significativa y al mayor cambio estructural en el comercio exterior mexicano durante el periodo analizado. Una vez revisados estos efectos sobre la economía mexicana, se describen los efectos del TLC sobre la región de América del Norte. Aquí se estudia el grado de integración, la convergencia macroeconómica y la sincronización de los ciclos económicos en la región. Por último, el ensayo termina con reflexiones sobre el futuro del propio TLC y, naturalmente, de la región.

I. Historia breve de la apertura comercial desde 1986

LA APERTURA DESDE 1986

El proceso de apertura estructural que se inició en México con el ingreso al GATT tiene cuatro eventos clave: primero, el propio ingreso al GATT; segundo, la introducción del Pacto de Solidaridad Económica (el Pacto); tercero, el inicio del TLC y, cuarto, la introducción de otros tratados de libre comercio, principalmente con la Unión Europea (TLCUE) y Japón (TLC-Japón).

1. Ingreso al GATT

En 1986, México ingresó al GATT después de una negociación prolongada para determinar el ritmo y alcance de sus compromisos de apertura comercial frente a los 90 países pertenecientes a dicho acuerdo.[1] Por primera vez, México asumió compromisos frente a la comunidad internacional para disciplinar, dentro de cierto rango, el comportamiento de sus aranceles y de otras medidas no arancelarias. Esos compromisos, sin embargo, le dieron al

[1] Países miembro del GATT en 1986: Alemania, Argentina, Australia, Austria, Bangladesh, Barbados, Bélgica, Belice, Benín, Brasil, Burkina Faso, Burundi, Camerún, Canadá, Chad, Chile, Chipre, Colombia, Congo, República de Corea, Costa de Marfil, Cuba, Dinamarca, Egipto, España, Estados Unidos, Filipinas, Finlandia, Francia, Gabón, Gambia, Ghana, Grecia, Guyana, Haití, Hong Kong, Hungría, India, Indonesia, Irlanda, Islandia, Israel, Italia, Jamaica, Japón, Kenia, Kuwait, Luxemburgo, Madagascar, Malawi, Malasia, Maldivas, Malta, Mauritania, Mauricio, México, Unión de Myanmar, Nicaragua, Níger, Nigeria, Noruega, Nueva Zelanda, Países Bajos, Pakistán, Perú, Polonia, Portugal, Reino Unido, República Centroafricana, República Dominicana, Rumania, Ruanda, Senegal, Sierra Leona, Singapur, Sri Lanka, Sudáfrica, Suecia, Suiza, Surinam, Tanzania, Tailandia, Togo, Trinidad y Tobago, Turquía, Uganda, Uruguay, Yugoslavia, Zaire, Zambia y Zimbabue.

país un margen de holgura importante, puesto que sólo consolidó algunas fracciones arancelarias y, además, a niveles más altos que los que prevalecían en la economía mexicana en el momento de la negociación. Asimismo, el alcance sectorial no fue ambicioso y dejó márgenes importantes para que el gobierno mexicano introdujera políticas de protección, sin violar sus compromisos frente al GATT.

La medición más simple de la apertura comercial, la razón entre el valor de la exportaciones más las importaciones y el valor del producto interno bruto del país, muestra que, a pesar de la holgura descrita, con el ingreso al GATT aumentó la apertura comercial de México de 20%, en los años previos, a cerca de 30% después del ingreso a dicha organización (gráfica 1). Aunque se trata de un cambio modesto, el ingreso al GATT dio certidumbre a los agentes económicos de que el gobierno mexicano tenía ciertas limitaciones para hacer cambios drásticos en su política comercial y, por tanto, empezaron a asignar más recursos hacia los sectores de bienes exportables y menos a los importables: se trataba del principio del fin de la sustitución de importaciones. El uso indiscriminado de los instrumentos proteccionistas empezaba a acotarse.

GRÁFICA 1. *Grado de apertura comercial*[a]
(porcentaje, 1980-2013)

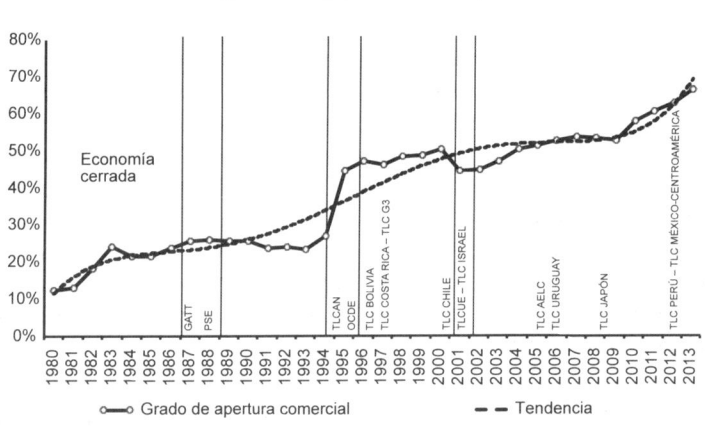

o——o Grado de apertura comercial   — — Tendencia

[a] Se calculó como (exportaciones + importaciones)/PIB. El PIB utilizado es base 2008.

FUENTE: Elaborado con información de Banco de México, INEGI y la Secretaría de Economía.

2. El Pacto

Si bien la señal del ingreso al GATT fue poderosa, la disminución de aranceles efectivamente pagados, que se introdujo con el Pacto a finales de 1987, fue mucho más sustantiva. La señal del GATT encontró un buen complemento en la fijación de un arancel máximo de 20% en prácticamente todos los sectores, como medida central del Pacto.[2] El grado de apertura aumentó adicionalmente después de la introducción de dicho arancel máximo. A pesar de que este arancel máximo no era un compromiso internacional, como sí lo fue la consolidación arancelaria en el GATT, la claridad y contundencia de la medida y el compromiso en el seno del Pacto le dieron un elevado grado de credibilidad que influyó en las decisiones de los agentes económicos y, por tanto, continuó gradualmente la reasignación de recursos hacia la producción de bienes exportables.

3. TLC

Al Pacto siguió el TLC que, aunque no se trató de una apertura general bajo el principio de nación más favorecida (NMF) como fue el GATT o la propia fijación del arancel máximo, tuvo un efecto general muy significativo, dada la importancia relativa de la relación comercial con los países de América de Norte. Como se aprecia en la gráfica 1, el aumento más importante en el grado de apertura, a lo largo de todo el periodo analizado, ocurre con la formación del TLC. La razón del valor de las importaciones más las exportaciones sobre el producto interno bruto se duplica en un periodo relativamente corto de dos a tres años.[3] El grado de apertura comercial de la economía mexicana cambia cualitativamente como resultado del TLC, puesto que la razón referida alcanza, de manera sostenida, niveles superiores a 50%, alcanzando casi 70% en años más recientes.

---

[2] Véase Serra (1987). En este artículo se explica el doble propósito de la medida: en el corto plazo, permitir que los precios del exterior ejercieran disciplina sobre los precios domésticos y, en el largo, corregir el sesgo anti-exportador.

[3] Aunque parte del incremento en esta razón en 1995 puede explicarse por la depreciación real del peso, el volumen de comercio permaneció en niveles altos aun cuando el peso volvió a apreciarse.

4. Otros tratados

Las medidas subsecuentes de apertura comercial[4] no han tenido gran repercusión en el grado de apertura de la economía. La gráfica muestra que estos acuerdos no influyeron de manera sustantiva en la razón entre importaciones más exportaciones y el producto interno bruto. Debe de haber un sinnúmero de explicaciones sobre el efecto tan modesto de dichos tratados. Una es el reducido tamaño de los flujos comerciales con la mayoría de esos países antes del tratado. Otra razón que ciertamente hay que tomar en cuenta está íntimamente relacionada con las reglas de origen; específicamente, los exportadores mexicanos que han aprovechado las ventajas del TLC han desarrollado sistemas de proveeduría en América del Norte para cumplir con las exigencias de origen que se establecen en ese tratado. Para que estos exportadores aprovechen los otros tratados tienen que desarrollar proveedores alternos que cumplan con sus reglas de origen respectivas. Este cambio no es sencillo y, por ende, son pocos los exportadores que han aprovechado las ventajas de estos tratados adicionales, puesto que la mayoría ya ha invertido recursos y esfuerzo en el cumplimiento de las reglas de origen del TLC.[5]

CORRECCIÓN DEL PRECIO RELATIVO
ENTRE BIENES EXPORTABLES E IMPORTABLES

Al revisar la serie completa de apertura comercial se aprecia una especie de estancamiento después de la introducción de TLC. Sin

---

[4] Tratados comerciales de México posteriores al TLC y su entrada en vigor: TLC-G3 (con Colombia y Venezuela; a partir del 19 de noviembre de 2006 participan sólo México y Colombia); TLC México-Costa Rica; TLC México-Bolivia; TLC México-Nicaragua; TLC México-Chile; TLCUEM (Unión Europea); TLC México-Israel; TLC México-Triángulo del Norte (El Salvador, Guatemala y Honduras), el 15 de marzo de 2001 con El Salvador, Guatemala, y el 1º de junio del mismo año con Honduras; TLC México-AELC (Islandia, Noruega, Liechtenstein y Suiza); TLC México-Uruguay; AAE México-Japón; TLC México-Perú; TLC Único México-Centroamérica (Nicaragua, en sustitución del suscrito en 1998; El Salvador, en sustitución del Tratado del Triángulo del Norte de 2001).

[5] Naturalmente, cuanto mayor es el contenido mexicano en las exportaciones, menor es este problema y las exportaciones se vuelven más versátiles.

embargo, después de la crisis de 2008-2009, se nota un repunte importante en el que el grado de apertura de la economía mexicana alcanza niveles de casi 70 por ciento. Las pruebas de cambio estructural (recuadro 1) muestran, con contundencia estadística, que el cambio estructural más fuerte que experimentó el comercio exterior mexicano en el periodo de análisis fue la introducción del TLC. Las pruebas también indican que el ingreso al GATT y el arancel máximo del Pacto representaron un primer cambio estructural. Los otros tratados de libre comercio representaron cambios modestos en la apertura comercial del país y no resultan estadísticamente significativos en las pruebas de cambio estructural.

RECUADRO 1
Cambio estructural
en la apertura comercial

Para identificar qué eventos en el proceso de apertura comercial contemporánea han tenido el mayor efecto se hace un análisis de cambio estructural. Las pruebas estadísticas emplean información trimestral para el periodo 1981-2012 usando la siguiente especificación:

$$Y_t = \alpha_1 D_{GATT/PSE} + \alpha_2 D_{TLC} + \alpha_3 D_{TLCUE} + AR(1) + MA(1) + MA(4) + u_t,$$

donde Y_t es el grado de apertura, y $D_{GATT/PSE}$, D_{TLC} y D_{TLCUE} son variables dicotómicas que toman el valor de 1 a partir de 1986, 1994 y 2000, respectivamente.

Los resultados indican que, primero, el ingreso al GATT junto con la introducción del arancel máximo en el Pacto (PSE) sí tuvieron un ligero impacto estructural sobre el grado de apertura comercial. Segundo, que el mayor impacto estructural ocurre con la introducción del TLC; finalmente, los resultados indican que ni el TLCUE ni los demás tratados tuvieron un impacto estructural sobre la apertura comercial del país.

RECUADRO 1 (continuación)

Prueba de cambio estructural
(1981-2012)

Variable dependiente: variación anual del grado de apertura

Variable	Coeficiente	Error estándar	Estadístico t	Valor p
Dummy 1986-1987*GATT/PSE	0.04734	0.02707	1.74853	0.09260
Dummy 1994-1995**TLC	0.11561	0.01980	5.83892	0.00000
Dummy 2000-2001TLCUE	-0.01480	0.01558	-0.95014	0.35110
AR(1)	0.83738	0.14219	5.88911	0.00000
MA(1)	-1.08588	0.02497	-43.48797	0.00000
MA(4)	0.37436	0.01526	24.52906	0.00000

* Nivel de confiabilidad de 90%.
** Nivel de confiabilidad de 99%.
FUENTE: SAI Derecho & Economía, con información de Banco de México.

Para corregir la autocorrelación del modelo se incorporaron un componente autorregresivo y dos componentes de promedio móvil —AR(1), MA(1) y MA(4)—.

Adicionalmente, la disminución arancelaria ha resultado en una corrección de los precios relativos entre bienes importables y exportables, con la consecuente reasignación de recursos hacia la producción de estos últimos. La certidumbre que otorgó el ingreso al GATT, aunada a la disminución de los aranceles en el Pacto, influyó en la corrección de dicho precio relativo. Naturalmente, el TLC fue bastante más significativo en dicha corrección, a diferencia de los demás tratados. La regresión simple, que se presenta en el recuadro 2, muestra cómo la disminución de aranceles ha influido de manera estadísticamente significativa en el crecimiento de las exportaciones no petroleras. Asimismo, el crecimiento del producto interno de los Estados Unidos es relevante, mientras que la evolución del tipo de cambio no parece tener mayor efecto sobre el comportamiento de dichas exportaciones en un plazo de 31 años. La disminución del arancel efectivamente pagado aumentó la oferta de productos exportables, que a su vez resultó en un crecimiento notable de las exportaciones no petroleras.

RECUADRO 2
*Corrección del precio relativo
entre bienes exportables e importables*

Para determinar el efecto de la disminución de aranceles sobre el comportamiento de las exportaciones se especifica la siguiente regresión, empleando información trimestral para el periodo1981-2012:

$$X_t = \alpha_1 \text{ PIBEU}_t + \alpha_2 \text{ AEP}_t + \alpha3 \text{ TCt} + u_t,$$

donde X_t es la variación anual de las exportaciones no petroleras de México en el año t, $PIBEU_T$ es la variación anual del PIB de Estados Unidos en el año t, AEP_T es la variación anual del arancel efectivamente pagado por las importaciones mexicanas en el año t, TC_t es la variación anual del tipo de cambio en el año t, y u_t es el error estocástico en el año t. Todas las tasas son continuas y logarítmicas.

Resultados obtenidos de la regresión por MCO
para explicar las exportaciones no petroleras
(1981-2012)

*Variable dependiente: variación anual de las exportaciones
no petroleras de México*

Variable	Coeficiente	Error estándar	Estadístico-t	Prob.
Var. anual del PIB de EUA	2.11948	0.32675	6.48654	0.00000
Var. anual del AEP de las importaciones	-0.16868	0.07446	-2.26547	0.03110
Var. anual del tipo de cambio peso/USD	-0.02873	0.06009	-0.47804	0.63620

Los resultados muestran que el impacto del arancel efectivamente pagado sobre las exportaciones no petroleras resulta negativo y significativo, por lo que se puede concluir, con un razonable nivel de confianza, que la disminución de un punto porcentual en el *AEP* da lugar a un incremento de 0.14 puntos porcentuales en las exportaciones no petroleras de

RECUADRO 2 *(continuación)*

México. El PIB de los Estados Unidos resulta positivo y significativo; cuando la producción de nuestro principal socio comercial aumenta en un punto porcentual nuestras exportaciones no petroleras aumentan en aproximadamente 1.9 puntos porcentuales. Por último, el tipo de cambio no resulta significativo, por lo que no se puede rechazar la hipótesis de que no exista relación entre esta variable y las exportaciones no petroleras de México.

La relación entre el promedio del arancel efectivamente pagado y las exportaciones no petroleras se muestra en la siguiente gráfica:

Impacto de los aranceles a la importación
sobre las exportaciones no petroleras
(1980-2012)

Exportaciones no petroleras (miles de millones de USD)

— — — Tendencia

FUENTE: SAI Derecho & Economía, con información de Banco de México y SHCP.

A partir de los resultados del análisis de cambio estructural y de la regresión de las exportaciones no petroleras, no es aventurado afirmar que el ingreso al GATT, aunado al arancel máximo del Pacto, fue el primer paso relevante de la corrección de precios relativos, que el TLC se convirtió en el cambio estructural más grande de dicha corrección y que el resto de los tratados sólo han contribuido marginalmente a que ésta ocurriera[6]. Analicemos, ahora, las principales características del TLC, y sus resultados, para entender su impacto estructural en el comercio exterior de México.

[6] La composición de las exportaciones mexicanas se ha transformado sustancialmente como resultado de este cambio estructural. Las exportaciones petroleras en 2012 sólo representaron 14% del total. Gran parte de ese cambio se debe, fundamentalmente, al comercio con los países del TLC. Las exportaciones mexicanas a otros países, como España, nuestro principal socio comercial dentro de la Unión Europea, siguen siendo predominantemente petroleras: 88% del total de las exportaciones mexicanas a España en 2012 fueron petroleras.

II. El TLC: cambio estructural de la apertura comercial mexicana

CON MOTIVO del vigésimo aniversario del TLC ha surgido una nueva ola de publicaciones sobre sus efectos. Frente a la indisputable evidencia empírica del dinámico comportamiento de las exportaciones manufactureras y de la inversión extranjera, la mayoría de los críticos históricos del Tratado han concluido que los resultados no fueron tan malos como ellos mismos lo predicaban hace 20 años, pero tampoco tan buenos como, según ellos, los propusimos los negociadores.[1] Ésta es una forma peculiar de evaluar una política pública. Por ello, y para evitar debates superficiales sin rigor, el análisis que sigue se circunscribe fundamentalmente a estudios econométricos de causalidad y cointegración entre las principales variables económicas cubiertas por el TLC.

Con motivo del décimo aniversario del TLC, Lederman *et al.* (2005) hicieron un análisis muy completo de los efectos del TLC en flujos comerciales y de inversión extranjera, así como en los tiempos requeridos para adoptar nuevas tecnologías. Su conclusión es contundente: sin TLC las exportaciones mexicanas hubieran sido 50% menores, la inversión extranjera directa hacia México hubiera sido 40% menor, en tanto que gracias a dicho tratado el tiempo para que las empresas mexicanas adquieran nuevas tecnologías se redujo a la mitad (1.6 a 0.7 años), además

---

[1] Cabe aclarar que al término de las negociaciones del TLC, en mi comparecencia ante el Senado de la República, señalé: "He dicho en varias ocasiones que el tratado *no será una panacea*. Hoy, que han concluido las negociaciones, quiero reiterarlo para que no se generen falsas expectativas que nos dispensen de mantener la disciplina y el concierto que hemos alcanzado en el pacto..." (énfasis añadido). Véase Serra en SECOFI, V (1992).

de que el tiempo requerido para que este cambio tecnológico se refleje en la productividad del factor trabajo disminuyó de 2.5 a 1.7 años.[2]

Los resultados observados posteriormente, conforme avanza el vigésimo aniversario del TLC, tienden a confirmar estas conclusiones. En la gráfica 2 se muestra el crecimiento de las exportaciones mexicanas no petroleras en contraste con las del resto del mundo. Éstas han crecido consistentemente por encima de las mundiales. Según información del Banco de Información Económica (BIE) del INEGI, México pasó de exportar diariamente USD 123 millones en promedio en 1993 a USD 918 millones en 2013. En términos reales, las exportaciones de 2013 son equivalentes a cuatro veces el valor de las de 1993.[3]

GRÁFICA 2. *Exportaciones no petroleras*
(índice 1993 = 100, 1993-2012)

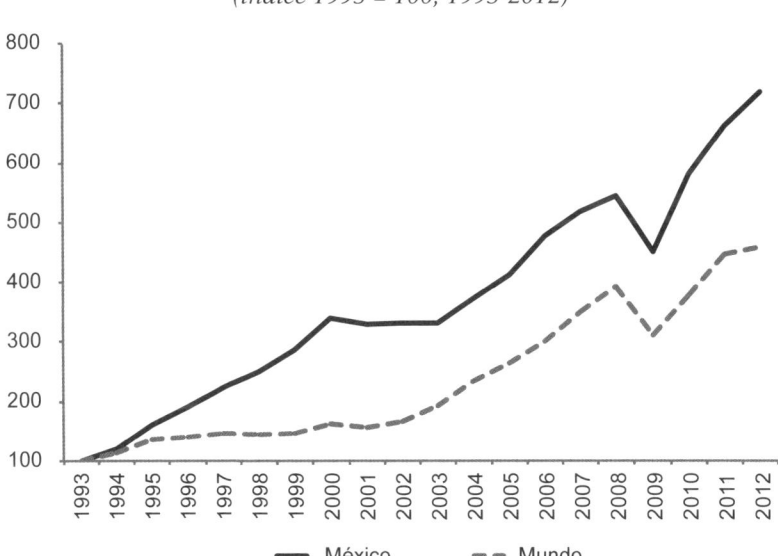

FUENTE: SAI Derecho & Economía, con información del Banco Mundial.

---

[2] Lederman, Maloney y Serven (2005), p. 53.
[3] Una pregunta frecuente ha sido ¿por qué si las exportaciones han tenido un comportamiento tan dinámico, el PIB no ha crecido más en este periodo? La respuesta es que si bien las exportaciones han crecido anualmente por encima

Algo similar ha ocurrido con los flujos de inversión extranjera directa.[4] Los niveles de inversión extranjera directa, por su parte, han alcanzado magnitudes casi 10 veces mayores que los previos a la introducción del TLC. Este crecimiento fue de 312.3% en términos reales.

GRÁFICA 3. *Inversión extranjera directa en México*
(miles de millones de dólares, 1980-2012)

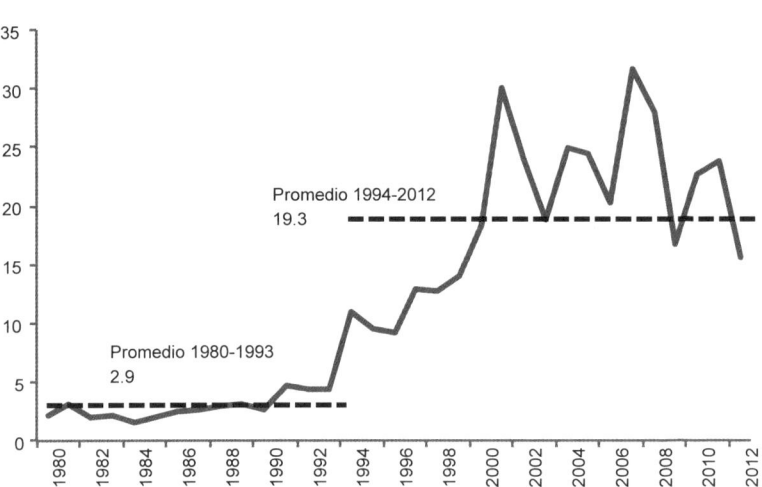

FUENTE: SAI Derecho & Economía, con información de INEGI.

---

de 10% desde la entrada en vigor del TLC, la estimación del efecto multiplicador de las exportaciones sobre la economía mexicana es 1.7, mientras que, por ejemplo, en los Estados Unidos es de 3.1. El efecto multiplicador es entendido como $1/s+m$, donde s es la propensión marginal a ahorrar y m es la propensión marginal a importar. Estas cifras se calcularon con estadísticas de la balanza de pagos (Comercio Exterior-Exportaciones) del Banco de México y del Banco Mundial (World Bank Data).

[4] Durante las negociaciones, existieron argumentos adversos al TLC por considerar que la apertura de la economía inhibiría la creación de nuevas empresas y tendría un impacto negativo en las pequeñas y medianas empresas (PYMES) en México. La única información estadística pública que se ha elaborado en relación con la tasa de apertura y cierre de empresas fue publicada por un estudio de INEGI; los hallazgos de dicho estudio señalan que entre abril de 2009 y mayo de 2012 "la proporción de nacimientos [de PYMES] fue de 28.3% y la proporción de muertes 22.0% [...] y el crecimiento promedio anual es de 1.7%". INEGI (2013), "Análisis de la demografía de los establecimientos 2012".

De acuerdo con información del Banco Mundial,[5] durante el periodo 1994-2012, la IED per cápita de México (USD 174) fue mayor que la IED per cápita en los BRIC, que fue de USD 159, 154, 11 y 78, para Brasil, Rusia, India y China, respectivamente.

En esta sección se estudiará por qué el TLC no sólo representa el cambio estructural más importante en comercio exterior desde que se inició el proceso de apertura a mediados de la década de 1980, sino también por qué generó resultados importantes en la dinámica de la inversión y la integración regional. Para hacer esto, hay que identificar las características distintivas del TLC con respecto a otras medidas de política comercial de México introducidas en dicho periodo (v. g., GATT, arancel máximo del Pacto, TLCUE, etcétera).

Hay, por lo menos, tres características distintivas del TLC que destacan por su naturaleza y alcance cuando se le compara con los otros tratados multilaterales o regionales que México ha firmado. En primer lugar, el tamaño relativo del mercado que se crea con el TLC y el tamaño del comercio de la región antes del tratado son superiores a cualquier otro mercado creado por tratados bilaterales o regionales suscritos por México. En segundo lugar, el grado y ritmo de la reciprocidad que México obtuvo de Canadá y los Estados Unidos tiene un alcance mayor que los otros tratados o, naturalmente, que las medidas de apertura unilateral. En tercer lugar, el tratamiento y la protección que se les otorga a los flujos de inversión entre las partes en el TLC es más profundo que en el resto de los tratados. Todos estos elementos explican, como lo veremos, que el TLC haya sido el evento más significativo en la apertura comercial en la historia del México moderno.

EL TAMAÑO DEL MERCADO Y EL ALCANCE DE LA APERTURA

En primer lugar hay que considerar el tamaño relativo de la región y su relevancia en el mundo. En 1994 el PIB conjunto de la región representaba 30.69% del PIB mundial, 6.87% de la población y 19.02% del comercio que se daba en ese momento.

El tamaño mismo del mercado norteamericano y los flujos comerciales antes del tratado explican parcialmente el impor-

---

[5] World Bank Data (2014).

tante impacto que esta medida tuvo en el grado de apertura de la economía de México. A la dimensión del mercado hay que añadir que, en contraste con las medidas unilaterales de apertura de NMF (*v. g.*, Pacto y GATT), el TLC se planteó eliminar definitivamente, y no sólo disminuir, las barreras arancelarias al comercio. La combinación de ambos efectos explica, en muy buena medida, la importancia del TLC en el proceso de apertura comercial de México.[6]

EL GRADO Y RITMO DE LA RECIPROCIDAD

La corrección del precio relativo entre bienes exportables e importables, producto de la disminución de aranceles a la importación, se acentúa cuando ésta viene acompañada de una disminución de los aranceles que le cobran a las exportaciones de ese país en sus mercados de destino. En el caso del TLC, la eliminación de aranceles de importación estuvo acompañada por una disminución, más que proporcional, de los aranceles de entrada a los Estados Unidos y Canadá.[7] Como se aprecia en la tabla 1, Canadá y los Estados Unidos abrieron de manera inmediata sus mercados a productos mexicanos en 88% y 61%, respectivamente. México inicialmente lo hizo sólo en 36%; el fuerte de la apertura mexicana se hizo en el décimo año (42%).[8] Esta asimetría en los ritmos de la desgravación en los mercados de destino se complementó con la eliminación de los acuerdos sectoriales, en su mayoría anuales, y del Sistema Generalizado de Preferencias (SGP) en los Estados Unidos.

---

[6] Durante las negociaciones del TLC, existió la idea de que a partir del TLC las exportaciones de México se volverían dependientes de dos socios comerciales (*i. e.* EUA y Canadá). A partir de la información del INEGI, se sabe que el porcentaje de exportaciones a EUA y Canadá pasó de 87.3% del total de las exportaciones en 1994 a 81.5% en 2013.

[7] Véase Serra (1994).

[8] Durante las negociaciones del TLC, existieron corrientes que se oponían al tratado argumentando que la desgravación arancelaria haría que la producción de maíz cayera en México significativamente, a pesar de tener el periodo de tiempo más largo en el calendario de desgravación (15 años), como se puede observar en la tabla 1. La realidad es que en el periodo 1995-2012 la producción creció 19% y presentó una tasa de crecimiento anual compuesto de 1.03%. Adicionalmente, durante este periodo, la correlación de la producción de maíz con la precipitación pluvial ha sido mucho mayor que con la desgravación arancelaria. Este análisis puede corroborarse con información de SAGARPA (SIAP) y CONAGUA (SINA).

TABLA 1. *Calendarios de desgravación*
acordados en el TLC

Velocidad de desgravación (años)	México otorga a EUA %	México otorga a Canadá %	EUA otorga a México %	Canadá otorga a México %
0	35.93	40.99	61.00	88.40
5	3.33	3.71	5.76	4.40
10	42.47	28.30	28.12	7.20
15	18.27	0.00	5.12	0.00
Excluido	0.00	27.00	0.00	0.00
Total	100.00	100.00	100.00	100.00

FUENTE: Texto del TLC.

Ambos programas, que en su origen habían sido diseñados para estimular las exportaciones mexicanas, se habían convertido paradójicamente, en los años previos al TLC, en verdaderos obstáculos para el crecimiento de nuestras exportaciones a ese mercado.

1. El Sistema Generalizado de Preferencias

En 1993 México era uno de los principales usuarios del SGP en los Estados Unidos. Este sistema consistía en otorgar preferencias al país exportador mediante la eliminación o mediante descuentos arancelarios, siempre y cuando el valor de las exportaciones de cada bien específico no excediera un valor predeterminado. Al principio, este sistema indujo un importante crecimiento de nuestras exportaciones pero, conforme pasó el tiempo, el valor límite para otorgar la preferencia se convirtió en un obstáculo para el crecimiento de las exportaciones de cada uno de los productos beneficiados por el sistema. Hay cantidad de ejemplos de empresas exportadoras que, para no perder la preferencia y no acumular inventarios excesivos, optaban por cerrar sus plantas antes de fin de año para no exceder el límite establecido por el SGP, o bien que terminaron perdiendo las preferencias.[9] La posición de negociación mexicana de acceso a mercados del TLC con-

---

[9] Véase St. Maxens (1991).

sistió en consolidar las preferencias del SGP. Es decir, asegurar que los descuentos arancelarios para las exportaciones mexicanas se mantuvieran, y que los límites cuantitativos al valor de dichas exportaciones desaparecieran. Dicha propuesta fue aceptada por las contrapartes y eso implicó una disminución inmediata de aranceles en sectores que ya estaban exportando a los mercados estadunidense y canadiense.[10] Ésta es una característica relevante del TLC que permitió un crecimiento importante de las exportaciones mexicanas en un periodo relativamente corto.

2. Acuerdos sectoriales

Al cambio de preferencias arancelarias acompañó un cambio en los acuerdos sectoriales que, aunque pretendían dar certidumbre a los exportadores, su corta duración introducía una forma de incertidumbre que inhibía las inversiones de largo plazo en las industrias exportadoras, puesto que éstas nunca sabían, a ciencia cierta, cuál sería el régimen de exportación al que estarían sujetas en periodos relativamente cortos.[11] La cobertura general del TLC eliminó, sin mayores excepciones y de una vez por todas, este tipo de acuerdos sectoriales y, por ende, la incertidumbre que conllevaban, impulsando sustantivamente la inversión en industrias de exportación.

Estos elementos de reciprocidad distintivos en la apertura del TLC, aunados a las dimensiones del mercado, explican en buena parte por qué este tratado ha sido la medida más sustantiva en el proceso de apertura comercial de México.

TRATAMIENTO Y PROTECCIÓN
DE LA INVERSIÓN

El capítulo 11 del TLC[12] establece los principios de protección a la inversión entre las partes del tratado. A diferencia del GATT, de la

[10] Los enseres domésticos son el ejemplo más representativo de este fenómeno.

[11] Entre otros acuerdos destacan el convenio sobre productos textiles y de vestido, el acuerdo de cuotas de productos agroindustriales y el convenio sobre productos siderúrgicos.

[12] El capítulo 11 del TLC establece las protecciones básicas que los tres países firmantes deben garantizar a las inversiones e inversionistas de los otros países

apertura del Pacto y del acuerdo con la Unión Europea,[13] el TLC contempla principios rigurosos para la apertura y protección de la inversión en la región. Esta característica distintiva también explica parte de su impacto en la apertura general de la economía mexicana. Cuando se estudia la evolución de la inversión extranjera y las exportaciones no petroleras se encuentra que existe una clara relación entre ambas variables. En el recuadro 3 se presenta un análisis econométrico donde se descubre una relación causal entre ambas variables en el ámbito de la manufactura: conforme aumenta la inversión en manufactura aumentan las exportaciones manufactureras con un rezago de 18 meses. Este resultado no es sorprendente. Si se analiza el destino de la inversión extranjera, después del TLC, ésta se ha asignado, fundamentalmente, a la actividad manufacturera; a su vez, ha habido un crecimiento muy dinámico de nuestras exportaciones manufactureras.[14] Esto permite concluir que las reglas de inversión establecidas en el TLC también ayudan a explicar parcialmente su efecto dominante en el proceso general de apertura de la economía mexicana.

miembros: *(i)* Trato nacional: otorgan a los inversionistas de otro país firmante o a su inversión el trato que otorga a sus propios inversionistas e inversiones; *(ii)* Trato de NMF: los países otorgan a los inversionistas e inversiones de los signatarios un trato no menos favorable que el que otorgan, en circunstancias similares, a los inversionistas o inversiones de países no signatarios del TLC, lo que implica que cualquier concesión otorgada a inversiones e inversionistas de terceros países se hace extensiva automáticamente a los de los países signatarios; *(iii)* Nivel de trato: un país signatario debe brindar "trato nacional" y "trato de NMF", el que sea mejor, a los inversionistas y las inversiones originarios de otros países firmantes; *(iv)* Trato mínimo: el trato otorgado a inversiones e inversionistas entre los países miembros se da acorde con el derecho internacional. Asimismo tiene cláusulas para ejecutivos de alta dirección; requisitos de desempeño, transferencias, expropiación; medidas ambientales, formalidades especiales y requisitos de información, empresas del Estado, así como un sistema de resolución de disputas que otorga mayor certidumbre a los inversionistas.

[13] Ni el GATT ni el TLCUEM contemplan medidas de protección a la inversión, puesto que ninguno de estos dos acuerdos comerciales tiene injerencia en asuntos relacionados con la inversión.

[14] De acuerdo con las Cuentas Nacionales del Banco de Información Económica (BIE) del INEGI, las exportaciones manufactureras crecieron 758.8% entre 1993 y 2012. Por otra parte, de acuerdo con el Sector Externo del BIE del INEGI el sector manufacturero es el principal destino de los flujos de inversión extranjera directa a México; durante 2012 captó 47% de la inversión extranjera directa total.

Análisis de causalidad entre exportaciones manufactureras y la inversión extranjera directa en el sector manufacturero de México

Para analizar la causalidad entre la inversión extranjera directa en el sector manufacturero y las exportaciones de manufacturas de México se hace una prueba de Granger. Esta prueba se realizó estimando las ecuaciones siguientes:

$$Y_t = \alpha_0 + \alpha_1 Y_{t-1} + \alpha_2 Y_{t-2} + \alpha_3 Y_{t-3} + \beta_1 X_{t-1} + \beta_2 X_{t-2} + \beta_3 X_{t-3}$$
$$X_t = \alpha_0 + \alpha_1 X_{t-1} + \alpha_2 X_{t-2} + \alpha_3 X_{t-3} + \beta_1 Y_{t-1} + \beta_2 Y_{t-2} + \beta_3 Y_{t-3},$$

donde Y es el promedio móvil de cuatro periodos de la exportaciones manufactureras (es decir, promedios anuales) y X es el rezago de seis periodos (año y medio) del promedio móvil de cuatro periodos de inversión extranjera directa en manufacturas (promedio anual).

Los resultados de esta prueba para rezagos de tres trimestres para ambas series indican que no es posible rechazar la hipótesis nula de que las exportaciones manufactureras no explican la IED, es decir, que las exportaciones de manufacturas no causan la inversión extranjera directa en manufacturas. Por otra parte, se rechaza la hipótesis de que la IED no causa las exportaciones manufactureras, concluyendo que la inversión extranjera directa en manufacturas sí causa las exportaciones manufactureras.

Prueba de causalidad de Granger para IED
y exportaciones manufactureras
(1999 - 2013)

Hipótesis nula	Estadístico F	Probabilidad
El promedio móvil de 4 periodos en las exportaciones manufactureras no causa —en el sentido de Granger— el rezago 6 del promedio móvil de 4 periodos del IED.	1.625	0.168
El rezago 6 del promedio móvil de 4 periodos de IED no causa —en el sentido de Granger— el promedio móvil de 4 periodos de las exportaciones manufactureras.	3.234	0.012

FUENTE: SAI Derecho & Economía, con información del Banco de México.

Las características distintivas del TLC, en términos del tamaño relativo del mercado y del comercio antes del tratado, de la reciprocidad en la apertura arancelaria y del tratamiento de la inversión parecen ser determinantes en la explicación de por qué este tratado ha sido el más relevante en el proceso de apertura comercial de la economía mexicana de 1986 a nuestros días. [15] Analicemos ahora cuál ha sido el efecto del TLC sobre la región de América del Norte.

[15] La apertura comercial de bienes fue acompañada por una apertura de servicios, de valor agregado en telecomunicaciones que, junto con la liberación de importación de computadoras, generó un ambiente propicio para el crecimiento de la tecnología de la información. A pesar de que el país no fue más allá en la liberación de las telecomunicaciones (apenas en 2014 se abrió cabalmente este sector), se logró una apertura que permitió el uso efectivo de internet. Naturalmente, esto ha contribuido a la mejora en la competitividad de las empresas. Aparte de las telecomunicaciones, el TLC también liberalizó otros servicios que incluyen movilidad de capital y de profesionales, servicios financieros, de infraestructura y de transporte, entre otros.

III. El impacto del TLC sobre la región de América del Norte

PARA analizar el impacto del TLC sobre la región norteamericana se revisa el grado de integración comercial y de inversión de las economías de América del Norte, el proceso de convergencia macroeconómica entre los tres países y la sincronización de ciclos económicos regionales.

COMERCIO E INVERSIÓN INTRARREGIONALES

Los flujos comerciales y de inversión al interior de la región han crecido de manera razonablemente sostenida desde que el TLC entró en operación. El índice que se muestra en el recuadro 4 fue construido ex profeso para analizar el comportamiento de estas dos variables desde que inició el TLC. Éste muestra un crecimiento dinámico con una notable disminución entre los años 2000 y 2002, que coinciden con el ingreso de China a la OMC y los eventos del 11 de septiembre de 2001. Estos dos factores tuvieron un impacto sustantivo sobre los flujos comerciales y de inversión norteamericanos. En particular, cuando China entró oficialmente a la OMC recibió, automáticamente, el trato de NMF en los Estados Unidos. Esto terminó con la incertidumbre de acceso de bienes chinos al mercado estadunidense, que previamente estaban sujetos a una aprobación anual del estatus de NMF por parte del Congreso de ese país.

El impacto fue doble porque esta modificación afectó el comportamiento de las exportaciones chinas, sobre todo de manufactura, y el comportamiento de los inversionistas estadunidenses que decidieron, una vez que se eliminó la incertidumbre de acceso, invertir crecientemente en plantas chinas para exportar al mercado esta-

RECUADRO 4
Índice de integración de la región del TLC

Para medir la tendencia que ha seguido esta integración se definieron dos subíndices: uno de comercio, que representa el comercio entre los países del TLC, y un subíndice de inversión; finalmente, se construye un índice que integra ambos como medida de la integración regional.

El subíndice de comercio se calculó como un promedio ponderado del volumen de comercio (importaciones + exportaciones) entre Canadá, México y los Estados Unidos, y después se expresó en términos de índice con base 100 en 1988.

El subíndice de inversión se calculó como el promedio ponderado de la inversión extranjera directa intra-TLC y, posteriormente, se indizó con base en 1988.

El índice de integración es el promedio simple del subíndice de inversión y del subíndice de comercio. La evolución del índice de integración propuesto muestra que la integración de Norteamérica ha sido creciente desde finales de la década de 1980, acelerándose sustancialmente a partir de la entrada en vigor del TLC. Sin embargo, se observa una disminución en la tendencia, después de los años 2000-2001, que previsiblemente puede asociarse con el ingreso de China a la OMC y con los atentados terroristas del 11 de septiembre de 2001. Asimismo, se registró una disminución en la tendencia en 2009, que se explica por la crisis bancaria de 2008.

Subíndice de integración comercial en Norteamérica
(índice 1988 = 100, 1988-2012)

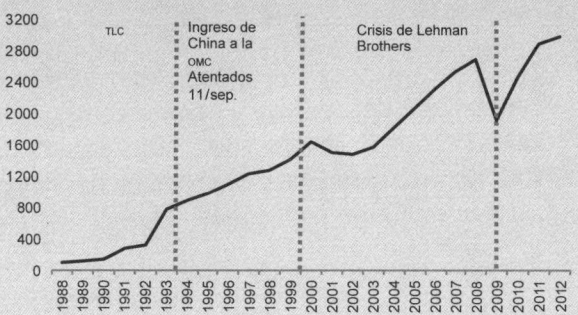

FUENTE: SAI Derecho & Economía, con información de INEGI, Banco de México, Secretaría de Economía, *US Census Bureau, US BEA* y *Statistics Canada*.

Subíndice de integración de inversión extranjera
directa en Norteamérica
(índice 1988 = 100, 1988-2011)

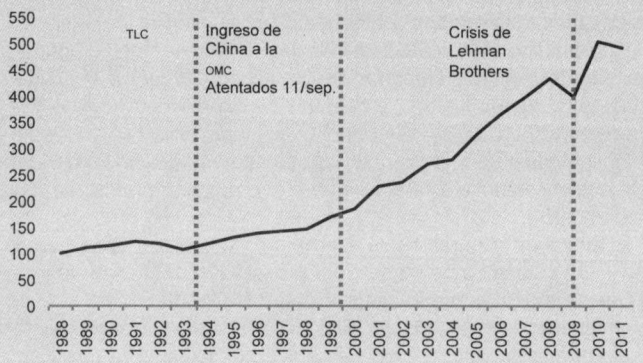

FUENTE: SAI Derecho & Economía, con información de INEGI, Banco de México, Secretaría de Economía, *US Census Bureau, US BEA* y *Statistics Canada.*

Índice de comercio e inversión extranjera
directa en Norteamérica
(índice 1988 = 100, 1988-2011)

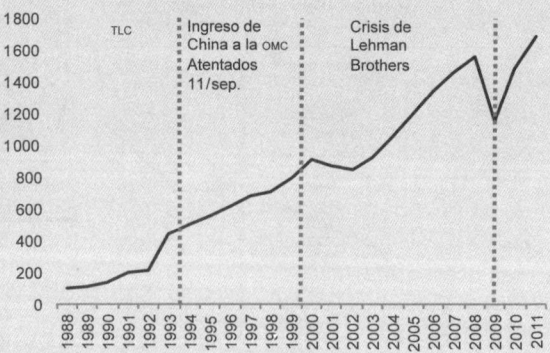

FUENTE: SAI Derecho & Economía, con información de INEGI, Banco de México, Secretaría de Economía, *US Census Bureau, US BEA* y *Statistics Canada.*

NOTA: El índice de integración de comercio e inversión extranjera directa en Norteamérica y los subíndices correspondientes cumplen con las siguientes propiedades: existencia, identidad, invertibilidad, circularidad, proporcionalidad y homogeneidad.

dunidense. A pesar de la importancia de ambos efectos, el índice muestra un crecimiento sobresaliente: el índice pasa justo antes de que el TLC entrara en vigor, de 100 en 1988 (año base), o menor a 150, a 490 en 2011. Adicionalmente, se observa una disminución muy significativa en 2009, como resultado de la crisis bancaria asociada a la quiebra de Lehman Brothers.

CONVERGENCIA MACROECONÓMICA

Además del crecimiento del comercio y de las inversiones regionales, se ha generado, a lo largo de la vigencia del TLC, un proceso de convergencia macroeconómica entre las tres economías de América del Norte. Desde que entró en vigor el TLC, el comportamiento de las principales variables macroeconómicas —las tasas de interés, el tipo de cambio y la inflación— de las tres economías muestra una tendencia muy clara hacia la convergencia. Después de la crisis mexicana de balanza de pagos de 1994-1995, el comportamiento de estas variables en la economía mexicana ha ido convergiendo hacia un patrón muy parecido al de los Estados Unidos y Canadá. En el recuadro 5 se muestra cómo las variables convergen en forma asintótica conforme evoluciona el proceso de integración. Las pruebas de cointegración entre las series de la tasa de interés, el tipo de cambio y la inflación son contundentes y permiten concluir que, en efecto, se ha dado un proceso de convergencia macroeconómica notable entre las tres economías de la región.

RECUADRO 5
Convergencia macroeconómica
Análisis de cointegración

Para analizar la convergencia entre diferentes variables macroeconómicas para los tres países del TLC se realizaron pruebas de cointegración, que determinan si existen una o más combinaciones lineales estables entre varias series de tiempo y, por ende, una relación de largo plazo entre ellas.

Inflación

En lo que se refiere a la inflación, los resultados de la prueba indican que las series de los tres países están cointegradas desde 1999, fecha a partir de la cual la evolución de los precios en México inició una clara tendencia a la baja, así como una menor volatilidad.

Resultados de la prueba de cointegración de Johansen (ene. 2000-oct. 2013)

Series: Inflación en México, Canadá y los Estados Unidos

Eigenvalor	Razón de verosimilitud	Valor crítico 5%	Valor crítico 1%	Grado de integración
0.120606	46.55095	29.79707	35.45817	Ninguna *
0.080837	25.85882	15.49471	19.93711	A lo más 1
0.073482	12.28778	3.841466	6.634897	A lo más 2

* Denota el rechazo de la hipótesis nula con un nivel de significancia de 1%.

FUENTE: SAI Derecho & Economía, con información de INEGI.

La convergencia en los niveles de inflación de los tres países se observa en la gráfica A.

A. Inflación en los países de América del Norte (porcentaje, 1993-2013)

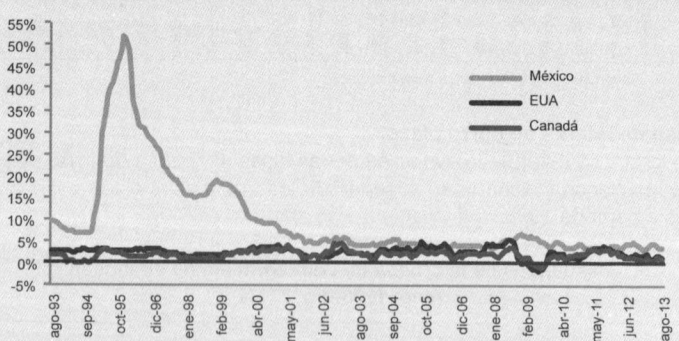

FUENTE: SAI Derecho & Economía, con información de INEGI.

Tipos de cambio

Con respecto al tipo de cambio, se analizó la existencia de cointegración entre las series de volatilidad del dólar canadiense y del peso mexicano en términos de dólares estadunidenses. Los resultados indican que las series están cointegradas a partir de 1997.

RECUADRO 5 *(continuación)*

Resultados de la prueba de cointegración de Johansen
(ene. 1997-ene. 2014)

Series: Tipo de cambio vs. USD en México, Canadá y los Estados Unidos

Eigenvalor	Razón de verosimilutud	Valor crítico 5%	Valor crítico 1%	Grado de integración
0.009095	40.52835	15.49471	19.93711	Ninguna *
0.000184	0.801363	3.841466	6.634897	A lo más 1

* Denota el rechazo de la hipótesis nula con un nivel de significancia de 1%.

La convergencia en volatilidad del tipo de cambio se observa en la gráfica B.

B. Volatilidad del tipo de cambio (porcentaje, 1983-2014)

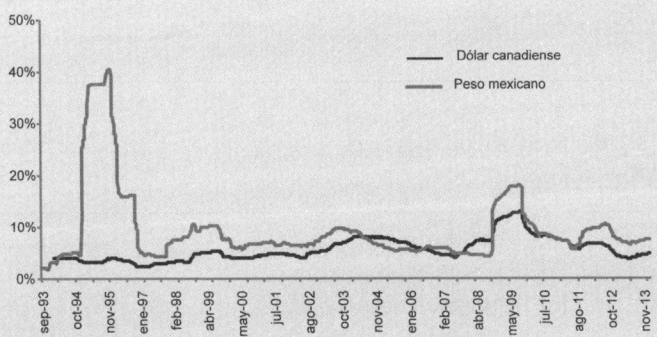

FUENTE: Elaborado con información de www.oanda.com.

Tasa de interés de corto plazo

En lo que se refiere a la evolución de las tasas de interés de corto plazo, los resultados indican que las series de los tres países están cointegradas a partir de 1996.

Resultados de la prueba de cointegración de Johansen
(ene. 1996-dic. 2013)

Series: Tasa de interés en México, Canadá y los Estados Unidos

Eigenvalor	Razón de verosimilitud	Valor crítico 5%	Valor crítico 1%	Grado de integración
0.117007	37.05229	29.79707	35.45817	Ninguna *
0.034787	10.17363	15.49471	19.93711	A lo más 1
0.011626	2.525861	3.841466	6.634897	A lo más 2

* Denota el rechazo de la hipótesis nula con un nivel de significancia de 1%.

RECUADRO 5 *(continuación)*

La gráfica C muestra cómo el diferencial entre las tasas de bonos gubernamentales de los tres países se ha reducido sustancialmente a partir de la entrada en vigor del TLC.

C. Tasas de interés de corto plazo (ago. 1993-dic. 2013)

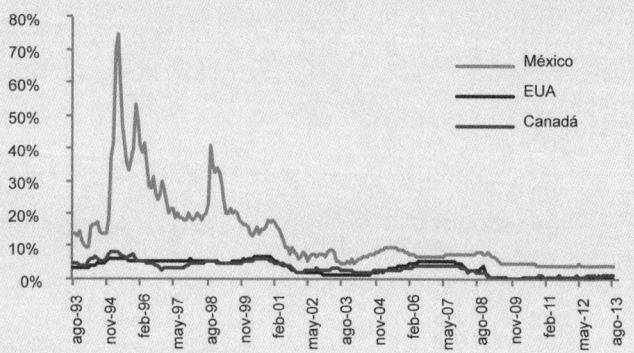

FUENTE: SAI Derecho & Economía, con información de INEGI, Federal Reserve System y Bank of Canada.

Las políticas fiscales y monetarias responsables que el gobierno de México ha implementado desde la crisis de 1994-1995 son la explicación fundamental de la estabilidad macroeconómica. Habría que añadir, sin embargo, que la apertura de la economía también contribuyó en este proceso. La balanza comercial, gracias a la apertura, pasó de ser un desestabilizador en la época de la economía cerrada a un estabilizador cuando la economía se abrió.[1] Cuando la economía estaba cerrada había un sesgo antiexportador y, por tanto, las exportaciones eran de carácter residual, por lo que el crecimiento económico siempre iba acompañado de déficits comerciales crecientes: conforme la economía crecía había menos exportaciones y las importaciones subían. Con la apertura se reasignaron, como hemos visto, recursos crecientes a la producción de bienes exportables y, por tanto, las exportaciones pasaron de ser residuales a ser uno de los principales motores

[1] Véase Torres y Vela (2002).

de crecimiento. Por ello, cuando las tasas de crecimiento suben, también lo hacen las exportaciones, que evolucionan de manera similar a las importaciones y tiende a desaparecer el elemento desestabilizador de la balanza comercial que era inherente a las épocas de elevado proteccionismo. Por ello, la evidencia de convergencia macroeconómica, a partir de la introducción del TLC, no es del todo sorprendente.

SINCRONIZACIÓN DE CICLOS ECONÓMICOS

Adicionalmente al crecimiento del comercio y la inversión regional y a la convergencia macroeconómica, se ha registrado, también desde el inicio del TLC, una sincronización de los ciclos económicos entre las economías de Norteamérica. La gráfica 4 muestra la evolución del crecimiento de la producción industrial en México y los Estados Unidos; es claro que hay una correlación elevada.

En el recuadro 6 se elabora un análisis de cointegración que muestra que, en efecto, con la introducción del TLC aumenta el grado de sincronización de los ciclos económicos industriales de los Estados Unidos y México. Este resultado no debe sorprender,

GRÁFICA 4. *Crecimiento anual de la producción industrial (promedio móvil trimestral, enero de 1981- mayo de 2013)*

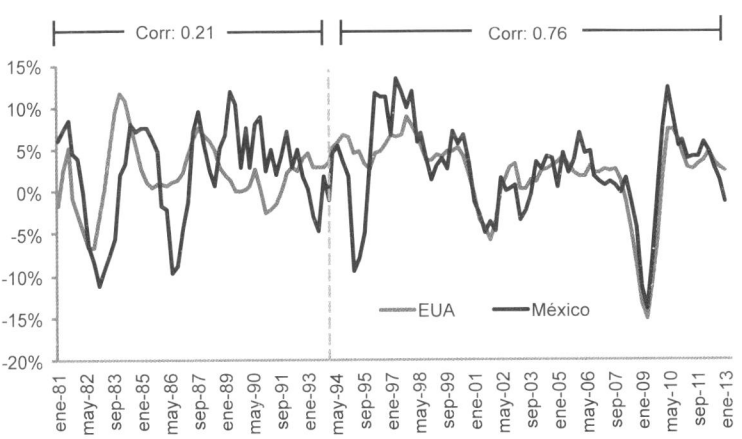

FUENTE: SAI Derecho & Economía, con información de INEGI y OCDE.

puesto que, en la medida en que el comercio exterior toma importancia dentro del producto interno bruto o conforme sube el grado de apertura, aunado a la importancia relativa del mercado norteamericano para México, es natural que haya un comportamiento sincronizado entre el producto interno bruto de México y el de sus socios comerciales. Esto se hace aún más evidente cuando estudiamos la coordinación de los ciclos de producción industrial de los Estados Unidos y México, que muestran un mayor grado de cointegración que en el caso del producto interno total.

RECUADRO 6
Sincronización de ciclos económicos
Análisis de cointegración

Para verificar la existencia de cointegración entre la producción industrial de México y los Estados Unidos se realizó una prueba de Johansen, que determina si existe una o más combinaciones lineales estables entre varias series de tiempo y, por ende, una relación de largo plazo entre ellas. La prueba se corrió para dos periodos distintos con los resultados siguientes:

Resultados de la prueba de cointegración de Johansen
1er trimestre 1980 – 4º trimestre 1993

Series: LOG(Prod.Man.MEX) LOG(Prod.Ind.EUA)

Eigenvalor	Cociente de verosimilitud	Valor crítico 5%	Valor crítico 1%	Ecuaciones de cointegración
0.115693	8.516043	15.41	20.04	Ninguna
0.034156	1.876684	3.76	6.65	Al menos 1

Resultados de la prueba de cointegración de Johansen
1er trimestre 1994 – 2º trimestre 2012

Series: LOG(Prod.Man.MEX) LOG(Prod.Ind.EUA)

Eigenvalor	Cociente de verosimilitud	Valor crítico 5%	Valor crítico 1%	Ecuaciones de cointegración
0.174543	16.594320	15.41	20.04	Ninguna*
0.031910	2.399811	3.76	6.65	Al menos 1

* Denota el rechazo de la hipótesis nula con un nivel de significancia de 5%.

RECUADRO 6 *(continuación)*

Para el periodo previo al TLC la prueba sugiere que las series no están cointegradas. Sin embargo, para el periodo que va del inicio del TLC al momento actual, la misma prueba indica la presencia de una relación de largo plazo entre la producción industrial de México y la misma variable de los Estados Unidos.

La gráfica D muestra la sincronización en la evolución de la producción industrial de México y los Estados Unidos desde el inicio del TLC.

D. Índice de producción industrial (1980-2012)

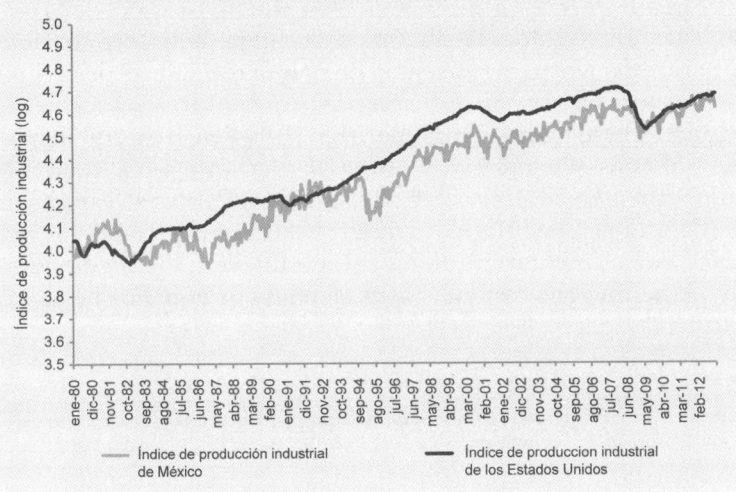

FUENTE: SAI Derecho & Economía, con información de INEGI y OCDE.

La evidencia empírica y el análisis econométrico correspondiente prueban que el proceso de integración económica de la región norteamericana ha aumentado desde que el TLC entró en vigor: los flujos comerciales y de inversión en la región, la convergencia macroeconómica y la sincronización de los ciclos económicos entre México, los Estados Unidos y Canadá han mejorado como resultado del TLC.

IV. El futuro del TLC: hacia la competitividad de América del Norte

DESPUÉS de 20 años, la dinámica de integración económica de América del Norte, en ausencia de políticas públicas de estímulo, se empieza a agotar. Es indispensable que los tres gobiernos de la región tomen, ahora sí, un liderazgo activo en el diseño de políticas públicas que logren que América del Norte sea la región más competitiva del mundo. Por ello, el futuro del TLC se estudia aquí desde esta perspectiva, para analizar las políticas públicas regionales que aumentarían dicha competitividad, distinguiendo entre los asuntos de carácter intrarregional de aquellos de carácter extrarregional.

LA COMPETITIVIDAD DE AMÉRICA DEL NORTE

El comercio mundial, a partir de la creación del TLC, ha enfrentado una proliferación de acuerdos preferenciales, mientras la liberación comercial multilateral ha enfrentado obstáculos crecientes. Durante los últimos años, al amparo del artículo 24 del GATT, se ha registrado un gran crecimiento del número de tratados regionales de comercio. Hoy en día hay más de 250 acuerdos registrados en la Organización Mundial de Comercio (OMC),[1] que involucran a prácticamente todos los países miembros de dicha organización. Estos tratados representan bastante más de 50% del comercio mundial. Entre estos acuerdos hay un buen número de acuerdos regionales, definidos como acuerdos entre países que comparten fronteras. En este tipo de acuerdo comercial no sólo hay prefe-

[1] TLC con cobertura de bienes.

rencias arancelarias y de otra naturaleza sino también hay ventajas por la cercanía geográfica que, debido a los aumentos del costo de transporte, ha tomado gran importancia.[2]

Desde esta perspectiva es que hay que analizar la competitividad de la región norteamericana, regulada por el TLC, frente a otras regiones del mundo que son reguladas, a su vez, por sus propios tratados regionales.

1. Elementos para la competitividad de Norteamérica

Hay varios elementos fundamentales para la competitividad de la región, pero primero empecemos por revisar las mediciones de rentabilidad de las empresas actuales, establecidas en cada uno de los países miembros del TLC, en comparación con los países más competitivos del mundo. Aquí también revisamos los esquemas de producción compartida que se han desarrollado para explotar las ventajas comparativas de las empresas de la región. Después, analizamos los costos de transporte que, como lo dijimos, contribuyen sustancialmente a la competitividad regional. De igual manera, estudiamos los costos de energía (v. g., gas natural) que representan una muy importante ventaja comparativa para las empresas regionales. Finalmente, investigamos la dotación de factores de la producción en América del Norte que, en un ambiente de movilidad regional, puede resultar en un potencial extraordinario para la competitividad.

De acuerdo con la guía de localización internacional de las empresas, elaborada por KPMG,[3] los tres países más competitivos del mundo son China, India y México, en ese orden. Tal y como se muestra en la tabla 2, en prácticamente todos los sectores, la rentabilidad operativa de una empresa pro-forma es la más alta en estos tres países. Los Estados Unidos y Canadá, sin embargo, están en una posición inferior. Ambos fluctúan entre el rango 9 y el 11, en todos y cada uno de los sectores estudiados.

Adicionalmente, en un reciente estudio publicado por la consultora internacional BCG,[4] que evalúa los costos de manufactura

---

[2] Véase Serra *et al.* (1997).
[3] *Competitive Alternatives – KPMG Guide to International Business Location Costs* (2011).
[4] *The Shifting Economics of Global Manufacturing* (2014).

de las principales 25 economías exportadoras, reveló que México es la tercera economía más competitiva, después de Indonesia e India. El estudio resalta que tanto México como los Estados Unidos han mejorado su estructura de costos debido, entre otros elementos, al crecimiento sostenido en su productividad, a sus tipos de cambio estables y a la ventaja de los costos de energía.

TABLA 2. *Rentabilidad de la industria por país y rango (porcentaje, 2011)*

	Industria	China	India	México	Canadá	EUA
Automotriz	Rentabilidad antes de impuestos	24.8%	25.6%	22.7%	7.9%	5.6%
	Rango	1	2	3	9	11
Electrónica	Rentabilidad antes de impuestos	33.6%	35.0%	31.4%	15.9	13.6%
	Rango	1	2	3	6	11
Manufactura de precisión	Rentabilidad antes de impuestos	22.5%	22.6%	19.3%	6.2%	3.5%
	Rango	1	2	3	7	11
Telecomunicaciones	Rentabilidad antes de impuestos	31.4%	32.7%	29.0%	9.7%	6.5%
	Rango	1	2	3	7	11
Aeroespacial	Rentabilidad antes de impuestos	30.8%	32.5%	28.1%	10.1%	7.9%
	Rango	1	2	3	7	11
Agroalimentaria	Rentabilidad antes de impuestos	31.7%	34.7%	26.8%	10.7%	9.0%
	Rango	2	1	4	10	12
Productos químicos	Rentabilidad antes de impuestos	26.4%	26.6%	26.4%	12.6%	10.2%
	Rango	1	4	3	8	11
Energía verde	Rentabilidad antes de impuestos	28.8%	30.7%	23.9%	9.8%	6.6%
	Rango	1	2	4	9	12
Dispositivos médicos	Rentabilidad antes de impuestos	42.7%	46.2%	38.8%	11.2%	8.5%
	Rango	1	2	3	9	11
Componentes metálicos	Rentabilidad antes de impuestos	37.3%	40.2%	32.8%	11.4%	8.1%
	Rango	2	1	3	10	12
Farmacéutica	Rentabilidad antes de impuestos	38.0%	39.8%	34.0%	13.2%	10.6%
	Rango	1	2	3	8	11
Plástica	Rentabilidad antes de impuestos	38.8%	41.9%	34.7%	12.5%	10.4%
	Rango	2	1	3	10	12

FUENTE: KPMG.

A pesar de que estos estudios no calculan la competitividad de las regiones como tal, se puede inferir que México, al ser notablemente más competitivo que sus socios comerciales en la región, podría contribuir sustantivamente a la competitividad de América del Norte, frente a otros países del mundo. La integración de la región hace posible que la contribución de México sea una realidad. Como resultado de esta integración económica creciente, los tres países no sólo se venden y compran productos y servicios entre sí, sino que ya empiezan a producirlos conjuntamente, tal y como lo demuestra el alto contenido regional en el vector de costos de las empresas norteamericanas (véase la gráfica 5).

A este fenómeno hay que añadir que, con respecto al índice de costos de tercerización para la manufactura hacia los Estados Unidos, México es mucho más competitivo que, por ejemplo, China, tal y como se aprecia en la gráfica 6.

GRÁFICA 5. *Contenido estadunidense en importaciones de EUA por país (porcentaje, 2004)*

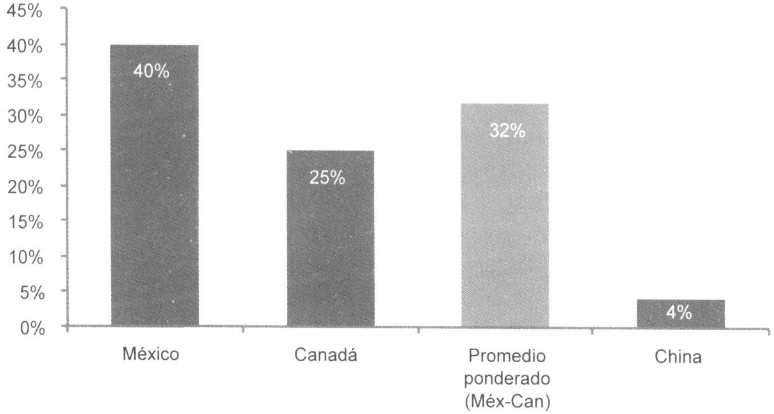

FUENTE: SAI Derecho & Economía, con información de Koopman *et al.* (2010).

GRÁFICA 6. *Índice de costos de tercerización manufacturera*[a]
(índice EUA = 100, 2005-2010)

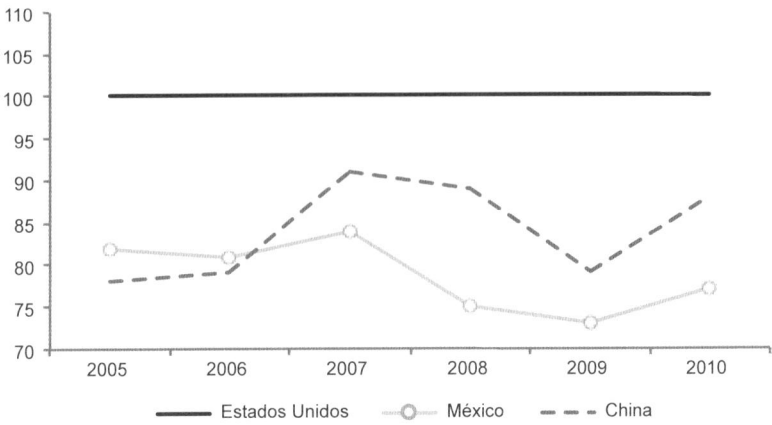

— Estados Unidos   ·O· México   — — China

[a] Alix Partners compara los componentes del vector de costos de diferentes países con una línea base de EUA para la producción de una canasta de partes que puede hacerse en cualquier lugar con insumos de EUA.
FUENTE: Koopman *et al.* (2010) y Alix Partners (2011).

a) Costos de transporte
Hoy en día esta ventaja de México en la tercerización se explica, principalmente, por los costos de transporte. Esto es particularmente claro cuando se analiza el efecto potencial sobre los flujos comerciales entre el bloque norteamericano y China. Por ejemplo, el costo de transportar un contenedor estándar de 40 pies de China a la costa este de los Estados Unidos es superior en alrededor de 3 100 dólares al costo a hacerlo desde México, cuando el precio del barril de petróleo es de 50 dpb;[5] esto se traduce en un aumento de 155% adicional de hacerlo desde China con respecto a hacerlo desde México. Esto es equivalente a un arancel de 5.2% que, aunado al arancel de NMF que China tiene que pagar al ingresar al mercado estadunidense, constituye una preferencia promedio para los productos mexicanos de alrededor de 10.2 puntos porcentuales. Este efecto es, naturalmente, mayor en aque-

[5] Estimaciones propias con base en Rubin y Tal (2008). Esta ventaja ha estado presente siempre. Sin embargo, con motivo del cambio tecnológico en el transporte, que significa que el combustible representa una proporción mayor del costo de operación de los barcos, la ventaja comparativa ha crecido.

llos productos que tienen una razón baja de valor a costo de transporte. No es sorprendente que la participación de este tipo de productos en el total de las exportaciones chinas hacia los Estados Unidos haya pasado de 52 a 42% en un periodo de cuatro años.[6]

b) Costo de la energía

La región tiene una posición muy ventajosa en el costo de la energía; esto constituye una fuerza estructural en favor de la integración económica de la región. La revolución energética en América del Norte, conducida por el gas *shale*, ha permitido que hoy en día los Estados Unidos sean el principal productor mundial de gas natural. En 2010 su nivel de producción fue de 21.2 mil millones de pies cúbicos y se pronostica que en 2040 alcance un nivel de 33.1 mil millones de pies cúbicos (19.1% de la producción mundial). Más de 50% de dicha producción será de gas *shale*.[7] El 86% de la producción en los Estados Unidos se da en tres cuencas, la principal es Marcellus, que está en el noreste del país, mientras que las otras dos son Haneysville y Barnett, localizadas en estados sureños (Texas, Arkansas y Luisiana).

Adicionalmente, si como resultado de la reforma energética[8] México emprende una explotación adecuada de gas *shale* de las reservas existentes en las cinco cuencas con que cuenta el país: Burgos, Sabinas —estas dos son una continuación geológica de la cuenca de Eagle Ford, localizada en el sur de Texas—, Tampico, Tuxpan y Veracruz, el país podría duplicar la producción de gas natural para 2040, y alcanzar un nivel de 3.5 mil millones de pies cúbicos. Con respecto al total de la región de América del Norte, se espera que la producción de gas natural se incremente de 8.4 mil millones de pies cubicos a 44.2 mil millones en 2040, de los cuales una participación importante corresponderá a la producción de gas *shale*. Más aún, las reservas técnicamente recuperables de la región de América del Norte representan 24.4% del total mundial, ya que Estados Unidos, Canadá y México son los países cuarto, quinto y sexto, respectivamente, con mayores reservas técnicamente recuperables.[9]

---

[6] Rubin y Tal (2008).
[7] U.S. Energy Information Administration (2013a).
[8] *Diario Oficial de la Federación,* 20 de diciembre de 2013.
[9] U.S. Energy Information Administration (2013b).

Estos elementos han permitido que la principal referencia de precios para el mercado de gas natural en América del Norte (Henry Hub) sea considerablemente más baja que los precios en otras regiones del mundo (véase la gráfica 7).

GRÁFICA 7. *Evolución del precio del gas*
(dólares de EUA/millones de BTU, *mayo 1996-septiembre 2013)*

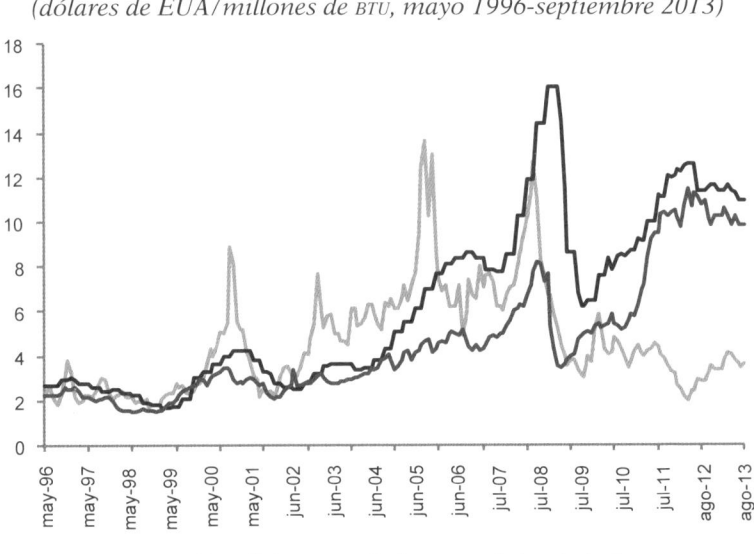

FUENTE: SAI Derecho & Economía, con información del FMI.

c) Dotación de factores

La dotación de factores de la producción en la región está caracterizada por una clara complementariedad: los Estados Unidos y Canadá son abundantes en capital y México es abundante en trabajo. La movilidad del capital, que por naturaleza es mayor que la del trabajo, está claramente contemplada, como hemos visto, en el capítulo 11 del TLC. Éste no es el caso para la movilidad del trabajo. Desde que se negoció el TLC ha habido resistencia a abordar este tema porque tiene aristas políticas complejas. Sin embargo, desde el punto de vista económico dicha complementariedad otorgaría una envidiable ventaja comparativa a la región, tal y como se muestra en el ejercicio del recuadro 7.

Cuando se calcula la razón de dependencia total, la suma de la

Recuadro 7
Complementariedad en la dotación del factor trabajo en los países del TLC

Población total por grupo de edad y sexo para los tres países del TLC, 2012

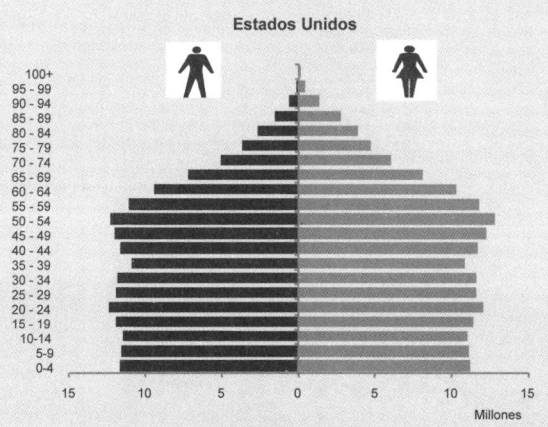

Estados Unidos

México

Razón de dependencia, 2012

	Juvenil[a]	De la tercera edad[b]	Total
México	42.9	10.27	52.76
Estados Unidos	30.09	20.36	50.45
Canadá	22.90	24.03	46.92
TLC	32.58	18.17	50.75

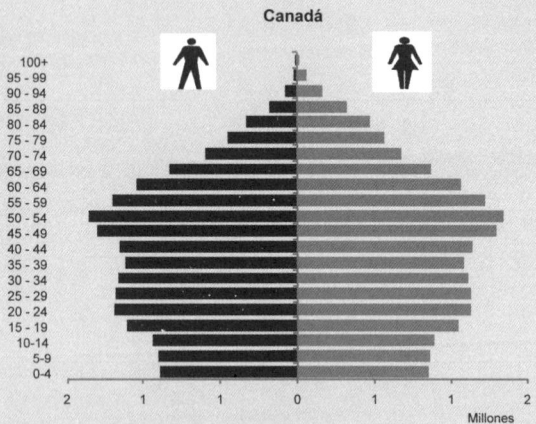

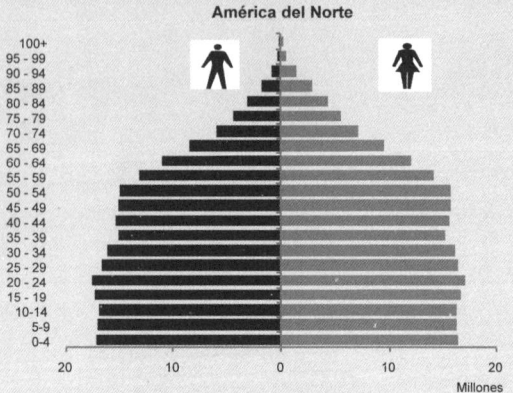

Razón de dependencia, 2030[c]

	Juvenil[a]	De la tercera edad[b]	Total
México	33.96	17.45	51.41
Estados Unidos	31.76	32.10	63.86
Canadá	25.13	41.40	66.54
TLC	31.89	28.85	60.73

[a] Menores de 15 años entre población en edad de trabajar (15-64 años).

[b] Mayores de 64 años entre población en edad de trabajar (15-64 años).

[c] Estimada.

FUENTE: SAI Derecho & Economía, con información del Census Bureau, International Data Base.

joven y la madura, Canadá tiene una razón de 0.47, los Estados
Unidos de 0.51 y México de 0.53. La razón para toda la región es
de 0.51. La de México es la mayor porque su razón de dependencia juvenil es muy superior. Por ello, cuando se hace una proyec-
ción de las tres poblaciones para 2030, resulta que la razón de
dependencia total de México (0.51) disminuye y las de Canadá
(0.67) y los Estados Unidos (0.64) aumentan. La razón para toda
la región (0.58), aunque sube, es menor que las de Canadá y los
Estados Unidos. En ausencia de movilidad de mano de obra, Canadá y los Estados Unidos aumentarían su razón de dependencia
madura en 17 y 12 puntos porcentuales, respectivamente. En contraste, México sólo lo haría en cinco puntos porcentuales. Esto es
una clara muestra de la dinámica en la complementariedad poblacional entre los tres países que indica las ventajas competitivas que la movilidad laboral le traería a la región.

No sólo la demografía de América del Norte se volverá más
complementaria al interior de los países, sino que también mejo-
rará su competitividad frente a otros países del mundo, por ejemplo, en comparación con China. Como lo ilustra la gráfica 8, la
tasa de crecimiento poblacional de la fuerza laboral de América
del Norte será mayor que la de China a partir de 2014-2015.

GRÁFICA 8. *Fuerza laboral entre 15 y 64 años*
(crecimiento anual acumulado)

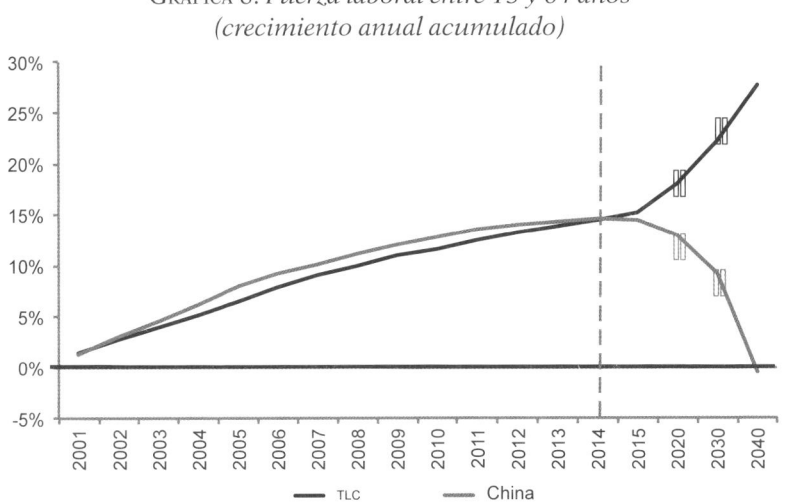

FUENTE: SAI Derecho & Economía, con información del *U. S. Census Bureau*.

d) Medio ambiente

Adicionalmente, los esfuerzos por cuidar el medio ambiente son limitantes potenciales a la competitividad. El escenario 450 considera las medidas necesarias para reducir las emisiones de dióxido de carbono, en una trayectoria que estabilizaría las concentraciones de gases de efecto invernadero en la atmósfera a ese nivel. Si, por ejemplo, comparamos los montos de inversión necesarios para llegar a dicho escenario en 2015, todo lo demás constante, China necesitaría invertir 33% más que la región de América del Norte. Adicionalmente, entre más se demoren las medidas para alcanzar el escenario 450, más se abrirá la brecha de requerimientos de inversión entre América del Norte y China. Por ejemplo, si la ruta hacia el escenario 450 comenzara hasta 2030, China necesitaría invertir 66% más de lo que necesitaría invertir la región de América del Norte. Esto, inevitablemente, tendrá efectos en costos de producción y precios en China que afectarán su competitividad.

La evidencia permite concluir, con un buen grado de confianza, que existe una ventaja razonable en la logística comercial, en los mercados de energía y una clara complementariedad en los mercados de factores de la producción. Asimismo, la región enfrentará costos de protección ambiental menores a los de otros países emergentes, por ejemplo, China. Estos fenómenos generan, en un ambiente de regionalización del comercio internacional, importantes ventajas comparativas.

Las políticas públicas de la región

Las ventajas comparativas descritas pueden hacer que, de manera sostenida, América del Norte sea la región más competitiva del mundo. Los resultados de 20 años de integración económica abren la oportunidad de introducir políticas públicas que potencialicen la competitividad de la región. Para ello, los gobiernos deben definir, en mi opinión, una agenda económica intrarregional y otra, distinta, de carácter extrarregional. Veamos cuáles serían los elementos fundacionales de dichas políticas.

1. Agenda económica intrarregional

El análisis de las ventajas competitivas de América del Norte señala, por su esencia misma, guías para el diseño de un conjunto de políticas públicas que impulsen la competitividad regional. Se trata de políticas que, entre otras ya establecidas, harían más eficiente la relación económica entre los tres países al interior de la región.

Los tres pilares para su instrumentación son: primero, la cercanía geográfica que, por el simple efecto gravitacional, le da ventajas a los agentes productivos regionales para proveer productos y servicios dentro de América del Norte; segundo, la revolución energética de la región (gas *shale*) que, acompañada de la reforma constitucional del marco regulatorio de la energía de México, permitirá que toda la región se beneficie del precio del gas más bajo del mundo; tercero y final, la complementariedad en la dotación de recursos laborales entre los tres países permite que la región se beneficie de una estructura demográfica estable, con bajas razones de dependencia y una oferta laboral muy competitiva, en contraste con otras regiones del mundo.

Para aprovechar los elementos del TLC de la cercanía regional y obtener los beneficios de la fuerza gravitacional de los flujos comerciales y de inversión, los tres países deben diseñar un Acuerdo Trilateral de Logística de América del Norte que disminuya los costos de transporte y de transacción que hoy todavía enfrentan los agentes económicos de la región en sus actividades transfronterizas. Un programa de esta naturaleza tendría que contemplar naturalmente la solución del conflicto de los tractocamiones a los que, en franca violación de las cláusulas del TLC, aún no se les permite cruzar las fronteras e incurren, consecuentemente, en costos adicionales que entorpecen y encarecen las exportaciones e importaciones entre los tres países. Asimismo, un programa de esta naturaleza debe considerar también inversiones y regulaciones trilaterales, adicionales a las que ya se han hecho, en la infraestructura y modernización aduanera, así como en las vías de comunicación terrestre, marítima y aérea.

La ventaja energética de América del Norte es fundamental, particularmente en la actividad manufacturera. Los tres países podrían contribuir enormemente a la competitividad de la región con la creación de un Programa Trilateral de Energía de América del Norte, que se proponga generar una oferta de energéticos con auténtica cobertura regional. Como se vio en la gráfica 8, la región tiene la oportunidad de beneficiarse del gas más barato del mundo por los próximos años. El efecto sobre la actividad económica y, particularmente, sobre la manufactura es enorme; el precio del gas en nuestra región es hoy 2.5 veces menor que en Europa y Asia. Si, mediante este programa, se lograra que todos los agentes económicos de la región tuvieran acceso a dicha oferta de gas, la competitividad de América del Norte, y sus beneficios económicos y sociales, serían extraordinarios.

La complementariedad en la dotación de factores de la producción que América del Norte tiene, puede ser una fuente excepcional de competitividad. Mientras Canadá y los Estados Unidos tienen una dotación abundante de capital, México la tiene en mano de obra. Como hemos dicho, el TLC contempla, en sus cláusulas sobre inversión (capítulo 11), la movilidad del capital sin mayores restricciones. Éste no es el caso en materia laboral. Desafortunadamente, el debate en torno a la inmigración, que tiene tantas aristas políticas en los Estados Unidos, ha nublado el diagnóstico de las ventajas que la movilidad laboral puede ofrecer a la región. El más básico análisis demográfico muestra, como se ha visto en este ensayo, que una política de movilidad laboral le traería a la región una fuente adicional de competitividad en el uso de factores de la producción que podría dinamizar la actividad económica y proveer a la región de ventajas competitivas adicionales en el mediano y largo plazos. Nuestros tres países deberían crear un Acuerdo de Movilidad de la Mano de Obra, que facilite que los trabajadores puedan ofrecer sus servicios en toda la región, pero con residencia permanente sólo en su país de origen. Ya ha habido programas de esta naturaleza en la región: hoy en día existe entre México y Canadá un programa de trabajadores visitantes (Programa de Trabajadores Agrícolas Temporales México-Canadá)[10] que funciona muy bien; claro está, se trata de un programa relativamente pequeño; sin embargo, es un modelo que, con las adecuaciones pertinentes, podría ser escalable para toda la región.

[10] Consulmex, Consulado General de México en Toronto.

2. *Agenda económica extrarregional*

El grado de integración entre los tres países de la región apunta a la necesidad de coordinar estrategias individuales de negociación comercial con el resto del mundo. Las dos negociaciones que, bajo la caracterización de negociaciones mega regionales, están en marcha, presentan una oportunidad única para establecer reglas de coordinación entre las partes del TLC.

El Tratado Transpacífico (*Trans-Pacific Partnership*, TPP por sus siglas en inglés) es, a la vez, una oportunidad y un reto para nuestra región. Oportunidad para acceder sin barreras comerciales a mercados asiáticos, con ventajas frente aquellos países que no están participando en la negociación (*v. g.,* Brasil y China). El reto consiste en que las partes del TLC no pierdan ventajas de acceso relativas a su propio mercado regional. Particularmente, hay que asegurar que, en materia ambiental y laboral, no surjan nuevos obstáculos para acceder a los mercados respectivos de América del Norte. Lo ideal sería que los tres gobiernos acuerden que todas las transacciones comerciales y de inversión que se originen en la región sean reguladas por las reglas originales del TLC.

Otro ejemplo, que también requiere de coordinación entre los tres países norteamericanos, es la negociación del tratado de libre comercio entre los Estados Unidos y la Unión Europea (*Transatlantic Trade and Investment Partnership*, TTIP por sus siglas en inglés).[11] Aquí la problemática es distinta de la anterior. Tanto México como Canadá ya tienen sendos tratados de libre comercio con la Unión Europea. Una vez que concluya la negociación entre los Estados Unidos y la Unión Europea, habrán tres tratados entre los mismos países; esto, inevitablemente, conllevará complejidad y elevados costos de transacción para los agentes económicos de ambas regiones. Lo natural será que estos tres tratados converjan en uno solo: un tratado entre las dos regiones. Además de la disminución de costos y eliminación de complejidades aduanales, se daría una simplificación en materia de reglas de origen que tendría efectos muy positivos sobre la eficiencia económica de las

---

[11] El TTIP incluiría 29 países: Alemania, Austria, Bélgica, Bulgaria, Chipre, Croacia, Dinamarca, Estados Unidos, Eslovaquia, Eslovenia, España, Estonia, Finlandia, Francia, Grecia, Hungría, Irlanda, Italia, Letonia, Lituania, Luxemburgo, Malta, Países Bajos, Polonia, Portugal, Reino Unido, República Checa, Rumania y Suecia.

empresas involucradas en el comercio entre las regiones. Específicamente para México podría darse un aumento importante en la versatilidad y diversificación de las exportaciones porque, en el cumplimiento de las reglas de origen de nuestras exportaciones a Europa, se podría acreditar el elevado contenido norteamericano que hoy tienen.

Éstos son ejemplos importantes del tipo de coordinación que la región requiere, dentro de una agenda económica común frente al resto del mundo, para generar una mayor competitividad a las empresas de la región. Las partes del TLC tienen que entender que la integración económica que se ha registrado en los últimos 20 años representa una oportunidad única para que, en un esquema de coordinación inteligente, la región llegue a ser más competitiva.

En resumen, después de dos décadas de integración económica entre nuestros países, se presenta la necesidad de acordar con nuestros socios la definición de dos agendas económicas complementarias entre sí: una agenda económica intrarregional que asegure costos de transporte, logística y energía competitivos y un aprovechamiento cabal de la dotación de los factores de la producción, y otra agenda económica extrarregional que, mediante la coordinación efectiva de políticas comerciales frente al resto del mundo, genere eficiencias y disminuya costos de transacción que, sin utilizar prácticas proteccionistas, nos hagan la región más competitiva del mundo.

CONCLUSIONES

La apertura comercial de México se inició, con medidas tímidas y tardías, en la primera mitad de la década de 1980.[1] Sin embargo, no fue sino hasta la incorporación del país al GATT en 1986 que el proceso de apertura empezó a tomar forma con rigor y disciplina. Las dos decisiones iniciales de apertura fueron, primero, el ingreso al GATT y, después, la decisión de fijar un arancel máximo de 20% en la instrumentación del Pacto, a finales de 1987. Estas dos medidas fueron unilaterales y redujeron el arancel de NMF; su instrumentación no tuvo como contraparte la disminución de aranceles o la eliminación de barreras no arancelarias de otros mercados. Sin embargo, se inició la eliminación del sesgo antiexportador que la economía había generado después de un largo periodo de proteccionismo comercial.

El resto de las medidas que siguieron en este proceso, mediante múltiples negociaciones de tratados de libre comercio, no fueron unilaterales y no afectaron el arancel de NMF, sino el aplicable a los países parte de la negociación respectiva; fueron negociaciones que se plantearon la disminución de nuestras barreras al comercio a cambio de la eliminación de barreras en los otros mercados. Naturalmente, el mayor avance en la apertura comercial vino en esta ronda con la negociación del TLC. Aunque no se dio una disminución del arancel de NMF, el tratado resultó, debido al tamaño de la región, en la mayor apertura que ha experimentado

[1] Por ejemplo, para facilitar al exportador la compra de bienes intermedios para bienes finales de exportación, se estableció el derecho a la importación de mercancías de exportación (DIMEX). Este derecho permitía importar libre de permiso previo productos con un valor equivalente menor a 30% del valor de ventas al exterior. Bancomext (1986).

la economía mexicana. Además, conforme se han ido sumando nuevos tratados, el arancel ponderado de México ha ido disminuyendo consecuentemente.[2]

El TLC ha cumplido su vigésimo aniversario. Sus efectos sobre la integración económica de la región pueden ser divididos entre aquellos que tuvo sobre la economía mexicana y los que ha tenido sobre la región norteamericana. Una característica importante de este proceso de integración es que se registró, en gran medida, en ausencia de políticas públicas comunes de los tres gobiernos involucrados. En realidad la generación de flujos crecientes de comercio e inversión fue determinada fundamentalmente por el mercado, que ha ido muy por delante de las decisiones gubernamentales y regulatorias.

El principal efecto sobre la economía de México puede resumirse en la eliminación de la distorsión del precio relativo entre bienes exportables e importables. La consecuencia más notable de esta corrección es que las exportaciones del país pasaron de alrededor de 100 millones de dólares por día, en 1993, a cerca de mil millones de dólares diarios en 2013. Asimismo, los flujos de inversión extranjera hacia México se multiplicaron prácticamente por 10, al pasar de inversiones anuales promedio de 2 000 millones de dólares, en los cinco años previos a la introducción del TLC, a más de 20 000 en los últimos cinco años.

Los efectos sobre la región también son notables. El índice de integración de comercio e inversión extranjera directa en Norteamérica pasó de alrededor de 500 en 1994 a más de 1 700 en 2011 (véase el recuadro 4). Adicionalmente, a lo largo de estos 20 años se ha dado una clara convergencia de las principales variables macroeconómicas de los países de la región: las tasas de inflación y de interés de corto plazo han convergido en la región de manera asintótica; algo muy similar ha ocurrido con la varianza del tipo de cambio del dólar canadiense y del peso en relación con el dólar estadunidense, ambos bajo un régimen de flotación. Los ciclos económicos de los tres países han mostrado una sincronización evidente e incluso se ha generado un proceso de producción compartida, que contrasta con los esquemas de *outsourcing* y que le dan una ventaja competitiva a las empresas de la región.

[2] Véase Serra (1994).

Estos resultados permiten pensar en una economía regional que está en un claro proceso de integración. El TLC debe, por tanto, convertirse en una plataforma para estimular la competitividad de Norteamérica. Para ello, es indispensable que los gobiernos de la región tomen iniciativas sustantivas para lograr mayores grados de eficiencia, mediante políticas públicas que aprovechen las ventajas comparativas de los tres países y de la propia región. Hay ciertas ventajas que requieren de decisiones gubernamentales para eliminar trabas, lo que no resultará de la simple dinámica del mercado.

Hoy la región es de las más competitivas del mundo porque, además del desarrollo de la producción compartida que ya aprovecha las ventajas individuales de cada una de nuestras tres economías, tiene ventajas regionales en costos de transporte y logística para servir el mercado regional. Asimismo, y de manera notable, la región enfrenta precios de gas natural sustancialmente menores que el resto del mundo. Finalmente, la región tiene una dotación de factores de la producción muy sana y complementaria. La dotación y movilidad del capital en la región es robusta y tiene grandes posibilidades de crecimiento. El potencial de la movilidad de la mano de obra en la región es también muy significativo, puesto que, en presencia de las políticas correctas, puede generar una oferta de mano de obra que le dé ventajas a la región con respecto a otros países que empiezan a experimentar un envejecimiento acelerado de sus poblaciones (*v. g.*, China).

Para aprovechar estas ventajas en todo su potencial es indispensable que los tres países definan políticas públicas mediante agendas económicas comunes. Hay temas que, naturalmente, se refieren a asuntos intrarregionales que inciden en la dinámica económica al interior de la región. Además, hay temas, y cada vez habrá más, que son de naturaleza extrarregional, que se refieren a asuntos que pertenecen a la relación de la región, como un todo, con el resto del mundo.

Los temas estratégicos que atañen a la agenda económica intrarregional son los relacionados con la logística, la energía y la mano de obra. Nuestros gobiernos contribuirían enormemente a la competitividad de América del Norte si instrumentaran un programa trilateral de logística, otro de energía y, finalmente, un programa de movilidad laboral de América del Norte.

En el ámbito extrarregional, la agenda económica común es estratégica. Las actuales negociaciones del TPP y el TTIP presentan una oportunidad única para iniciar un proceso de colaboración de nuestros respectivos gobiernos para diseñar políticas comerciales hacia el resto del mundo que, sin elementos proteccionistas, le den eficiencia y mayor competitividad a la región.

En conclusión, después de 20 años, el TLC debe ser la plataforma a partir de la cual se establezcan políticas públicas regionales que estimulen la competitividad de la región norteamericana y, por tanto, se genere un mayor crecimiento de nuestras respectivas economías y un mayor y más equitativo desarrollo de los países de América del Norte.

EPÍLOGO
Los actores mexicanos
de la negociación del TLC

La negociación del TLC, que duró casi cuatro años, enfrentó obstáculos complejos porque, entre otras razones, tuvo dos etapas
muy diferentes entre sí. La primera, la de mayor sustancia, fue
durante el gobierno de George H. W. Bush (1989-1993), cuando
se concluyó el texto fundamental del tratado. La segunda etapa
ocurrió durante el gobierno de Bill Clinton (1993-2001)[1] y concluyó con la firma de los acuerdos paralelos en materia ambiental y laboral. La naturaleza de ambas negociaciones fue diame-
tralmente distinta.

La primera etapa fue muy compleja porque, a pesar de tener,
como lo hemos dicho, sólo dos objetivos fundamentales, abarcó
muchos temas relacionados para facilitar efectivamente los flujos
comerciales y de inversión. En esta parte de la negociación se
plantearon una gran variedad de temas, como el acceso al mercado, reglas de origen, asuntos sectoriales, normas, inversión y
solución de controversias, entre otros. Sin embargo, las posicio-
nes de los tres gobiernos estaban alineadas en lo fundamental.
Los tres países queríamos llegar a un esquema de libre comercio
eliminando barreras arancelarias y no arancelarias que promo-
vieran los flujos comerciales y de inversión de la región. Fue una
negociación compleja pero no difícil.

La segunda etapa tiene su origen en la batalla electoral entre
Bush y Clinton. La victoria de Clinton nos llevó a la segunda etapa
porque su gobierno puso como condición necesaria, para enviar
el tratado a la votación del Congreso, que se incorporaran disciplinas en materia ambiental y laboral. Esto venía de presiones de

---

[1] El equipo de negociadores canadienses también cambió entre las dos etapas.

sindicatos y grupos ambientalistas durante la campaña que no estaban a favor del libre comercio. Por tanto, las disciplinas que la nueva administración deseaba incorporar eran, en realidad, una forma de reintroducir barreras no arancelarias para dificultar el acceso a los mercados logrado en el texto acordado con el gobierno previo. En este caso las partes negociadoras no estábamos alineadas. Por tanto, esta negociación, a diferencia de la del texto fundamental, no fue compleja pero sí fue difícil.

La manera de conciliar esta dicotomía fue acordar que la negociación sobre temas ambientales y laborales se hiciera mediante acuerdos paralelos para evitar reabrir el texto negociado con la administración de Bush. Así se hizo. Tras casi un año de negociaciones acordamos el texto de dos acuerdos paralelos en estas materias, que no diluyeron las ventajas de acceso al mercado, que se habían obtenido para las empresas exportadoras mexicanas. De hecho, a julio de 2014, no se ha registrado ningún caso al amparo del TLC en materia ambiental ni en materia laboral que haya resultado en introducción de sanciones comerciales.

Todo esto fue posible gracias al trabajo del excepcional grupo negociador encabezado por Herminio Blanco y coordinado por Jaime Zabludovsky (Anexo 1). Ambos crearon y dirigieron un grupo de profesionales con gran preparación, con un sentido único de lealtad al país y con una capacidad de trabajo y entrega sin paralelo. Tan sólo en la primera parte de la negociación, el grupo negociador estuvo involucrado en cinco reuniones plenarias, siete ministeriales, once reuniones con los jefes de la negociación. En total, los diferentes miembros del grupo participaron en más de 218 242 reuniones de trabajo.

La buena conducción de ambas negociaciones también se debió a la creación de distintas instancias que permitieron una coordinación notable al interior del gobierno y entre los negociadores y las distintas partes de la sociedad mexicana que tenían un interés directo en la negociación. Se creó la Comisión Intersecretarial del Tratado de Libre Comercio y se instaló un Consejo Asesor.

La Comisión Intersecretarial del Tratado de Libre Comercio, compuesta por representantes de las secretarías de Relaciones Exteriores, de Hacienda y Crédito Público, de Desarrollo Social, del Trabajo y Previsión Social, el Banco de México y la Oficina de la Presidencia, se reunió en múltiples ocasiones. Otras secretarías participaron conforme se negociaron temas de su competencia: Gobernación, Energía, Minas e Industria Paraestatal, Agricultura y Recursos Hidráulicos, Comunicaciones y Transportes, Educación Pública y Pesca. Así, se logró la necesaria coordinación institucional entre las dependencias del Ejecutivo Federal (Anexo 2).

El Consejo Asesor, integrado por representantes de los sectores laboral, agropecuario, empresarial y de las principales universidades e instituciones de educación superior, sesionó en 24 ocasiones. El Consejo tuvo un papel fundamental en la formulación de las grandes líneas que orientaron la negociación, así como en sus diagnósticos y opiniones sobre aspectos particulares de cada uno de los capítulos que integran el texto del Tratado. Además, gracias a que sus integrantes desempeñaban sus actividades en diferentes ciudades, permitió contar con las opiniones provenientes de todos los sectores y de varias regiones del país. La Coordinadora General del Consejo organizó numerosas reuniones a nivel estatal sobre diversos temas de interés local relacionados con el Tratado (Anexo 3).

Con los representantes de los sectores productivos, agrupados en la Coordinadora de Organismos Empresariales de Comercio Exterior (COECE), se trabajó en forma permanente tanto en las tareas preparatorias como en el curso mismo de la negociación. En la COECE se agruparon los representantes de las diferentes ramas productivas, que prepararon 180 trabajos sectoriales. Además, estuvieron presentes en las reuniones de la negociación, bajo la modalidad que se denominó "el cuarto de al lado". Su presencia constituyó un apoyo invaluable para los negociadores por su conocimiento especializado y su experiencia en negocios. Con ellos se celebraron más de 2 600 reuniones (Anexo 4).

La participación de todos estos grupos hizo posible que la negociación del TLC, el primer tratado de libre comercio entre dos países desarrollados y uno en desarrollo, culminara exitosamente y cumpliera cabalmente con sus propósitos.

NAFTA
AND THE BUILDING OF A REGION

An Essay from the Mexican Perspective

This essay is a compendium of the presentations I made in the course of 2014 in recognition of the twentieth anniversary of the Treaty. It expands the time-frame and scope of econometric analyses that were used in Serra (2010). I should like to thank Andrés Hernández Fonseca for his extraordinary assistance, and Daniel Serra for the English translation.

INTRODUCTION

The twentieth anniversary of the North American Free Trade Agreement (NAFTA) is a propitious time to review its results and discuss the future of trade liberalization in Mexico, and more specifically, the future of NAFTA itself. The purpose of this paper is two-fold: first, to provide an evaluation of whether the objectives of NAFTA have been met, doing so in a way that is grounded in econometric research based on the empirical data that are now available for analysis, and secondly to paint a path forward for further integration of the North American region in the future.

Numerous books and articles have been published over the past twenty years that explore the nature of NAFTA and its economic, social and even political effects in the three North American countries[1]. The results of the different investigations vary significantly. The contrast between the positive evaluations of NAFTA made by some specialists and the criticism often found, for example, in the daily press, can be explained in great measure by a difference in perspective of the different commentators: experts tend to base their comments on a more thorough analysis of the objectives and reach of the treaty itself, judging its results in the light of the provisions contained therein, whilst less specialized commentators tend to base their comments on their perception that the general improvement in the economy that many anticipated would occur as a result of NAFTA has not taken place as they expected.

---

[1] JSTOR reported 288 arbitrated articles for the NAFTA. Additionally, Amazon, the main library on the Internet, has more than 1 000 books registered on the subject. Furthermore, with World Cat search engine you can find over 1 500 published books. Note that only articles and books whose titles refer to NAFTA are considered (i. e., titles containing "NAFTA").

For these reasons it is convenient to recall the two fundamental purposes for which Mexico embarked on the NAFTA negotiations: to increase the growth of non-oil exports, and to achieve a greater inflow of foreign direct investment (FDI) within the country. These were the two main reasons for negotiating a free trade agreement, based on the understanding that the former would generate greater employment within manufacturing industries, which use labor intensively, and that the latter would complement internal savings, which had proven insufficient to finance the country's economic growth.

This paper first presents a brief history of trade liberalization in Mexico, beginning with Mexico's entry into the General Agreement on Tariffs and Trade (GATT, 1986). The degree of openness that Mexico consolidated at that time, alongside the openness that was brought about with the introduction of the Pact for Economic Solidarity (Pacto de Solidaridad Económica, 1987), the reduction in tariffs that occurred with NAFTA (1994) and the increased openness that followed Mexico's signing of other free trade agreements are all analyzed. Similarly, the impact of trade liberalization on the allocation of resources within the production of exportable and importable goods is discussed. An analysis is then made of the main characteristics and results of NAFTA, which gave way to the most significant degree of openness and structural change in trade during the period under review. Once the effects on the Mexican economy are examined, the effects of NAFTA on the North American region are described. Here, the degree of integration, macroeconomic convergence, and synchronization of economic cycles within the region is reviewed. Lastly, this paper finishes with several reflections about the future of NAFTA, and naturally, of the region itself.

I. Brief history of trade liberalization since 1986

The process of structural openness that began in Mexico with the country's entry into the GATT has four key events; first, the entry into GATT itself; second, the introduction of the Pact for Economic Solidarity; third, the beginning of NAFTA; and fourth, the introduction of other free trade agreements, mainly with the European Union (TLCUE) and Japan.

1. Entry into the GATT

In 1986 Mexico entered the GATT after a prolonged negotiation to determine the rhythm and reach of its commitments to liberalize trade with the 90 member states of the agreement[1]. For the first time Mexico assumed commitments with the international community to discipline, within a certain range, the behavior of its tariffs and other non-tariff measures. These commitments, however, gave the country ample room for maneuvering, for it

---

[1] GATT member countries in 1986: Germany, Argentina, Australia, Austria, Bangladesh, Barbados, Belgium, Belize, Benin, Brazil, Burkina Faso, Burundi, Cameroon, Canada, Chad, Chile, Cyprus, Colombia, Congo, Democratic Republic of Korea, Ivory Coast, Cuba, Denmark, Egypt, Spain, USA, Finland, France, Gabon, Gambia, Ghana, Greece, Guyana, Haiti, Hong Kong, Hungary, India, Indonesia, Ireland, Israel, Italy, Jamaica, Japan, Kenya, Kuwait, Luxembourg, Madagascar, Malawi, Malaysia, Maldives, Malta, Mauritania, Mauritius, Mexico, Myanmar Union, Nicaragua, Niger, Nigeria, Norway, New Zealand, Netherlands, Pakistan, Peru, Poland, Portugal, United Kingdom, Philippines, Dominican Republic, Romania, Rwanda, Senegal, Sierra Leone, Singapore, Sri Lanka, Sweden, Switzerland, Suriname, Tanzania, Thailand, Togo, Trinidad and Tobago, Turkey, Uganda, Uruguay, Yugoslavia, Zaire, Zambia, and Zimbabwe.

FIGURE 1. *Trade Openness*[a]
(percentage, 1980-2013)

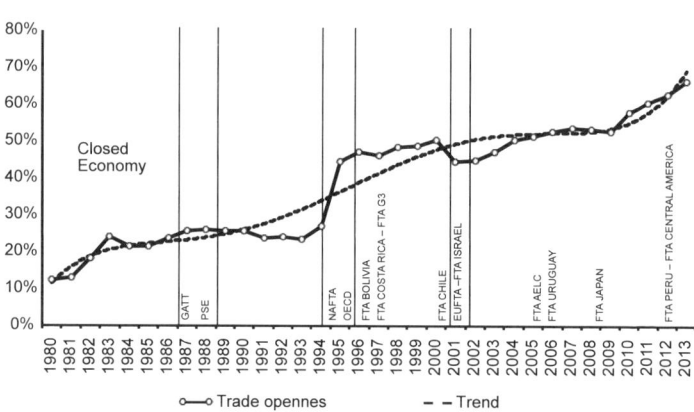

○—○ Trade openness   – – Trend

[a] It was estimated as (exports + imports)/GDP. The GDP used is at 2008 constant prices.

SOURCE: Elaborated with data from the Central Bank of Mexico (Banxico), the National Institute of Statistics and Geography (INEGI), and the Ministry of Economy (SE).

consolidated tariffs above those prevailing levels in the Mexican economy at the time of the negotiation. Similarly, the sectoral scope was not ambitious and left important margins for the Mexican government to introduce protectionist policies without violating its commitments to the GATT.

The simplest measure of trade liberalization, the value of exports and imports as a share of gross domestic product, shows that, despite the flexibility of the agreement as previously described, Mexico's entry into the GATT increased its measure of trade liberalization from 20 percent in the years leading to the agreement, to levels near 30 percent post entry (Figure 1). Although a modest change, Mexico's entry to the GATT assured economic agents that enough restrictions were in place to prevent the government from making drastic changes to its commercial policy. As a result more resources were allocated to sectors producing exportable goods, and less to the production of importable goods; the beginning of the end of import substitution had arrived, and the indiscriminate use of protectionist tools also began to come to an end.

2. The Pact

While Mexico's entry into the GATT sent a powerful signal, the reduction of effectively paid tariffs introduced with the Pact towards the end of 1987 was far more substantial. The signal from the GATT was complemented by fixing a tariff ceiling of 20 percent in practically all sectors, as a central measure of the Pact[2]. The degree of openness increased even more after the introduction of said tariff ceiling. Although this tariff ceiling was not an international commitment, as was the tariff binding in the GATT, the clarity of the commitment within the Pact gave Mexico a higher degree of credibility that influenced decisions of economic agents, and, thus, continued the gradual reallocation of resources towards the production of exportable goods.

3. NAFTA

The Pact was followed by NAFTA. NAFTA did not deal with a general openness measure under the principle of the Most Favored Nation (MFN) as in the GATT, nor did it impose a fixed tariff ceiling, but it had a very significant general effect given the relative importance of the commercial relationship with the other North American countries. Indeed, as illustrated in Figure 1, the most important increase in the measure of openness throughout the period under review occurred with the formation of NAFTA. The value of imports and exports, as a share of the gross domestic product, more than doubled in a relatively short period of two to three years. There was a qualitative shift in the degree of openness of the Mexican economy as the aforementioned ratio reached, in a sustainable manner, levels of over 50 percent, and almost 70 percent in more recent years[3].

---

[2] See Serra (1987). In this paper the dual purpose of the measure is explained: in the short term, to allow foreign prices to exert discipline on domestic prices and, in the long term, to correct the anti export bias.

[3] Although part of the increase in this ratio in 1995 can be explained by the real depreciation of the peso, trading volume remained at high levels even when the peso started to appreciate again.

4. Other treaties

Subsequent measures of trade liberalization[4] have not had a large impact on the degree of openness of the economy. Figure 1 shows that these treaties did not influence in a significant manner the ratio of openness. No doubt there are countless explanations regarding such a modest effect of said treaties, one being the reduced amount of pre-treaty trade flows with the majority of these countries. Another reason worth noting is intimately related with the rules of origin. Specifically, Mexican exporters that have exploited the advantages of NAFTA have developed supply systems in North America to comply with the origin requirements established in the treaty. In order for exporters to take advantage of other treaties they must develop alternate suppliers that comply with each treaty's respective rules of origin. This change is not simple, and thus only a few exporters have truly benefited from the advantage of these additional treaties, for the majority have already invested effort and resources to comply with the rules of origin of NAFTA[5].

RELATIVE PRICE CORRECTION BETWEEN
IMPORTABLE AND EXPORTABLE GOODS

By reviewing the complete series of trade liberalization one can appreciate some sort of stagnation after the introduction of NAFTA. Nonetheless, after the 2008-2009 crisis an important rebound in the degree of openness of the Mexican economy can be appreciated, reaching levels of almost 70 percent.

---

[4] Commercial treaties of Mexico post-NAFTA and their entries into force: FTA-G3 (with Colombia and Venezuela, as of November 19, 2006 involved only Mexico and Colombia); FTA Mexico - Costa Rica; FTA Mexico - Bolivia; FTA Mexico - Nicaragua; FTA Mexico - Chile; FTA (European Union); FTA Mexico - Israel; FTA Mexico - Northern Triangle (El Salvador, Guatemala and Honduras), Mar 15th with El Salvador and Guatemala, and Jan 1st and with Honduras; TLC Mexico - EFTA (Iceland, Norway, Liechtenstein and Switzerland); FTA Mexico - Uruguay; AAE Mexico - Japan; FTA Mexico - Peru; FTA Single Mexico - Central America (Nicaragua, replacing signed in 1998 replacing El Salvador Treaty Triangle North 2001).
[5] Naturally, the higher the Mexican content, the smaller the impact of this problem, and the greater the versatility of the exports.

The assessment of the impact of various trade initiatives described above is substantiated in tests of structural change as shown in Box 1. These tests show, with statistical certainty, that the strongest structural change that Mexican foreign trade experimented during the period of analysis was with the introduction of NAFTA. The tests also indicate that Mexico's entry to the GATT as well as the Pact's tariff ceiling represented an initial structural change. The other free trade treaties represent modest changes in the country's trade liberalization and are not statistically significant in structural change tests.

Box 1
Structural change
in trade liberalization

To identify which events in the process of modern trade liberalization have had the greatest effect, a structural change analysis was performed. The statistical tests use quarterly information for the period 1981-2012, under the following specification:

$$Y_t = \alpha_1 D_{GATT/PES} + \alpha_2 D_{NAFTA} + \alpha_3 D_{FTAUE} + AR(1) + MA(1) + MA(4) + u_t,$$

where Y_t is the degree of openness, and $D_{GATT/PES}$, D_{NAFTA} and D_{FTAUE} are dummy variables that take the value of 1 starting from 1986, 1994 and 2000 respectively.

The results indicate that, first, the entry to the GATT alongside the introduction of the tariff ceiling in the Pact (PES) had a small structural impact on the degree of trade liberalization. Second, that the largest structural change occurred with the introduction of NAFTA. Third, and last, the results indicate that neither FTAUE nor the other treaties had a structural impact on the trade liberalization of the country.

Box 1 (continuation)

Structural Change Test
(1981-2012)

Dependent variable: Annual change in the degree of openness

Variable	Coefficient	Standard error	t-statistic	p-value
Dummy 1986-1987*GATT/PSE	0.04734	0.02707	1.74853	0.09260
Dummy 1994-1995**NAFTA	0.11561	0.01980	5.83892	0.00000
Dummy 2000-2001EUFTA	-0.01480	0.01558	-0.95014	0.35110
AR(1)	0.83738	0.14219	5.88911	0.00000
MA(1)	-1.08588	0.02497	-43.48797	0.00000
MA(4)	0.37436	0.01526	24.52906	0.00000

* Confidence level 90%.
** Confidence level 99%.
SOURCE: SAI Law & Economics with data from Banxico.

In order to correct for autocorrelation in the model, an autoregressive and two moving average components were incorporated – AR(1), MA(1), and MA(4).

Additionally, tariff reductions have resulted in a relative price correction between importable and exportable goods, with the consequential reallocation of resources towards the production of the latter. The increased certainty that came with Mexico's entry into the GATT, together with the tariff reductions implemented with the Pact, influenced the correction of these relative prices. Not surprisingly, NAFTA was much more significant in said correction in comparison with the other treaties.

A simple regression, which is presented in Box 2, shows how the tariff reduction has had a significant effect on the growth of non-oil exports. Similarly, the growth of the United States' gross domestic product is relevant, while the evolution of the exchange rate does not seem to have had a major and lasting effect on the behavior of non-oil exports during the 31 year period. The effectively paid tariff reduction increased the supply of exportable goods, which, in turn, resulted in a notable growth of non-oil exports.

Box 2
Relative price correction
between importable and exportable goods

In order to determine the effect of tariff reductions on export behavior, the following regression was specified, using quarterly data for the period of 1981-2012.

$$X_t = \alpha_1\, GDPUS_t + \alpha_2\, TEP_t + \alpha3\, ERt + u_t,$$

where X_t is the annual variation in non-oil exports for Mexico in year t, GD-PUS$_t$ is the annual variation in United States' GDP in year t, TEP$_T$ is the annual variation of the tariff effectively paid by Mexican imports in year t, ER$_t$ is the annual variation in the exchange rate in year t, and u_t is the stochastic error in year t. All the rates are continuous and logarithmic.

Results obtained from the OLS regression
to explain non-oil exports
(1981 - 2012)

Variable dependent: Annual variation in non-oil exports - Mexico

Variable	Coefficient	Std. Error	t-statistic	Prob.
Annual variation of GDP in U.S.	2.11948	0.32675	6.48654	0.00000
Anual variation in the EAT of imports	-0.16868	0.07446	-2.26547	0.03110
Annual variation in the rate exchange Peso/USD	-0.02873	0.06009	-0.47804	0.63620

The results show that the impact of the tariff effectively paid on non-oil exports is significant and negative, which allows us to conclude, with a reasonable amount of certainty, that the reduction of TEP by one percentage point is associated with an increase of 0.14 percentage points of Mexican non-oil exports. The GDP of the United States is significant and positive; when the production of our main trading partner increases by one percentage point, our non-oil exports grow by approximately 1.9 per-

Box 2 *(continuation)*

centage points. Lastly, the exchange rate is not significant, so we cannot reject the hypothesis that there is no relationship between the exchange rate and Mexican non-oil exports.

The relationship between the average of the tariff effectively paid and non-oil exports is portrayed in the following figure:

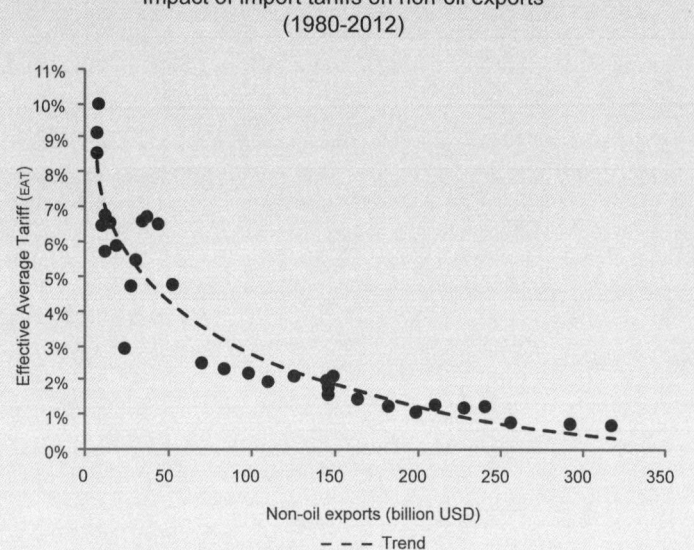

Impact of import tariffs on non-oil exports
(1980-2012)

Based on the results from the structural change analysis and the non-oil export regression, it is not unreasonable to state that the entry to the GATT, coupled with the tariff ceiling from the Pact, were the first relevant steps to the relative price correction, that NAFTA became the largest structural change in said correction, and that other treaties have only contributed marginally towards it[6].

[6] The mixed composition of Mexican exports has substantially changed as a result of this structural change. In 2012, oil exports only represented 14% of total ex-

Let us now analyze the main characteristics of NAFTA, and its results, in order to understand its structural impact on trade liberalization in Mexico.

ports. A large part of this change is due to trade with NAFTA countries. Mexican exports to other countries such as Spain, our main trading partner in the European Union, continue to be predominantly oil: 88% of total exports to Spain in 2012 were oil.

II. NAFTA: The structural change in Mexican trade liberalization

To MARK NAFTA's twentieth anniversary a new wave of publications about its effects has emerged. Faced with the indisputable empirical evidence of the dynamic behavior of manufacturing exports and foreign investment, the majority of historical critics of the treaty have concluded that whilst the results are not as bad as they predicted twenty years ago, neither are they as good as those predicted by the negotiators[1]. This is a peculiar way to evaluate public policies. For this reason, and to avoid superficial debates, the analysis that follows circumscribes itself to causality and co-integration econometric studies between the principal economic variables covered in NAFTA.

To mark NAFTA's tenth anniversary, Lederman et al. (2005) made a comprehensive analysis of the effects on NAFTA on trade flows and foreign investment, as well as the time required for new technology to be adopted. Their conclusion is assertive: without NAFTA, Mexican exports would have been 50 percent lower, foreign direct investment into Mexico would have been 40 percent lower, whereas, thanks to said treaty, the time it took for Mexican companies to acquire new technologies was reduced in half (1.6 to 0.7 years), and the time required for this technological change to reflect on the productivity of labor fell from 2.5 to 1.7 years[2].

As the twentieth anniversary of NAFTA advances, the results previously observed tend to confirm these conclusions. Figure 2 shows

---

[1] It should be taken into account that after the NAFTA negotiations concluded, I stated in my appearance before the Senate: "I've said several times that the treaty *will not be a panacea.* Today, with the negotiations concluded, I want to reiterate this so that no false expectations are created that will excuse us from maintaining the discipline and the convergence that we have been able to reach with the pact..." (emphasis added). See Serra in SECOFI, V (1992).

[2] Lederman, Maloney & Serven (2005), p. 53.

the growth of Mexican non-oil exports in contrast with those from the rest of the world, where it is clear that Mexican non-oil exports have consistently outgrown world levels. According to INEGI's Bank of Economic Information (BEI), Mexico's daily exports grew from USD 123 million on average in 1994 to USD 918 in 2013. In real terms, 2013 exports are equivalent to four times the value in 1993[3].

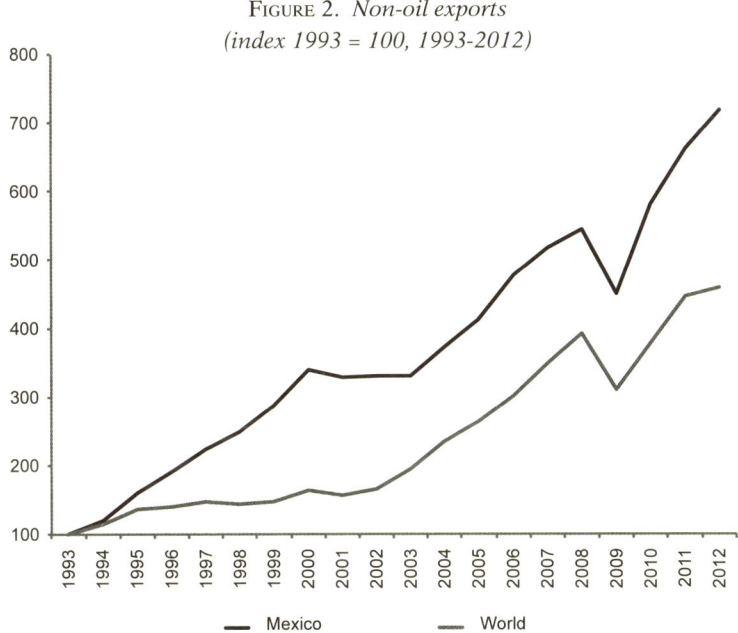

FIGURE 2. *Non-oil exports*
(index 1993 = 100, 1993-2012)

— Mexico   — World

SOURCE: SAI Law & Economics with data from The World Bank.

[3] A frequently asked question has been: If exports have had such a dynamic behavior, why has the GDP not grown more in this period? The answer is that while exports have grown annually by over 10% since the treaty was put into effect, the estimate of the multiplier effect of exports on the Mexican economy is 1.7, whereas, for example, in the United States it is 3.1. The multiplier effect is defined as $1/s+m$, where s is the marginal propensity to save and m is the marginal propensity to import. These figures were calculated with balance of payment statistics (Foreign trade- Exports) from the Bank of Mexico and World Bank (World Bank Data).

Similar results can be seen regarding foreign direct invest-ment[4]. The levels of foreign direct investment have reached mag-nitudes of almost 10 times the levels observed in the years leading to NAFTA's introduction. In real terms, this represents a growth of 312.3 percent.

According to information from the World Bank[5], during the 1994-2012 period Mexico's per capita FDI (USD 174) was higher than levels observed in the BRIC's, which were USD 159, 154, 11, and 78 for Brazil, Russia, India, and China, respectively.

FIGURE 3. *FDI inflows to Mexico*
(billion dollars, 1980-2012)

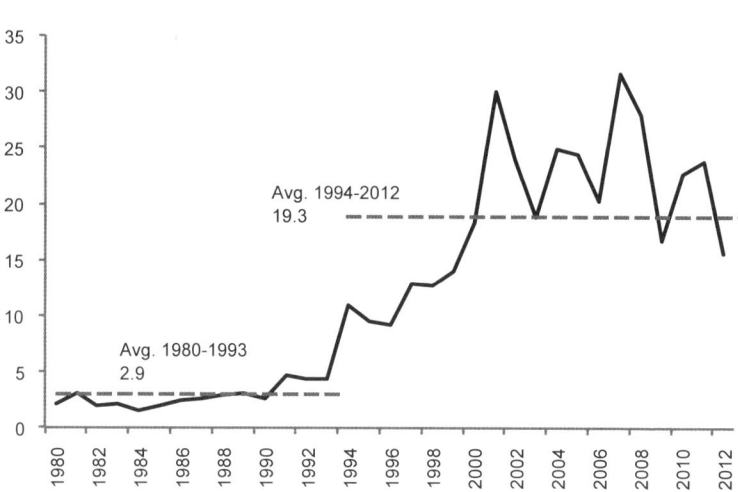

SOURCE: SAI Law & Economics with data from INEGI.

[4] During the negotiations, there were adverse arguments regarding the treaty, on the grounds that the openness of the economy would inhibit the creation of new businesses and that it would have a negative impact on small and medium enterprises (SMEs) in Mexico. The only public statistic that has been prepared in relation to birth and mortality of companies was a study recently published by INEGI; the findings of this study indicate that between April 2009 and May 2012 "the proportion of births was 28.3% and the death rate 22.0% [...], and the aver-age annual growth is 1.7%." INEGI (2013), "Analysis of the demographics of 2012 establishments."

[5] World Bank Data (2014).

This section will study why NAFTA not only represents the most important structural change in foreign trade since the process of trade liberalization began in the mid-eighties, but also why it generated important results in the dynamic of investment and regional integration. To do this, it is important to identify the distinctive characteristics of NAFTA with respect to the other measures of Mexican trade policy introduced during said period (i.e., GATT, the Pact's tariff ceiling, EUFTA, etc.).

When compared to the other multilateral or regional treaties that Mexico has signed, there are at least three distinctive characteristics of NAFTA that stand out due their nature and reach. First the relative size of the market that is created with NAFTA, and the size of pre-treaty trade in the region are superior to any other market created by bilateral or regional treaties signed by Mexico. Second, the degree and rhythm of reciprocity that Mexico obtained from Canada and the United States has a larger reach than that obtained in other treaties and, not surprisingly, from measures of unilateral liberalization. Third, the treatment and protection of investment flows among the members of NAFTA are more profound than in the other treaties. All of these elements explain, as we shall see, why NAFTA has been the most significant event in Mexico's modern trade liberalization history.

THE SIZE OF THE MARKET AND THE REACH OF LIBERALIZATION

We must consider the relative size of the region and its relevance in the world. In 1994, the joint GDP of the region represented 30.69 percent of world GDP, 6.87 percent of the population, and 19.02 percent of trade at that time.

The very size of the North American market and the pre-treaty trade flows partially explain the important impact this measure had on the degree of openness in the Mexican economy. In addition to market size we must note that, in contrast with unilateral measures of openness under MFN (e.g., Pact and GATT), NAFTA sought not only to reduce but also to eliminate tariff barriers on trade. The combination of both effects explains, in large measure, the importance of NAFTA in the process of trade liberalization in Mexico[6].

---

[6] During the negotiations of the treaty there was the general perception that, as a result of NAFTA, Mexico's export would become increasingly dependent on two

The relative price correction between exportable and importable goods brought about as a result of tariff reduction on imports is accentuated when it is accompanied by a tariff reduction on exports in the country's destination markets. In NAFTA's case, the elimination of import tariffs was coupled by a more than proportionate reduction on tariffs upon entry into the United States and Canada[7]. As illustrated in Table 1, both Canada and the United States immediately opened their markets to Mexican products by 88 and 61 percent respectively. Mexico initially only did this by 36 percent; the biggest degree of openness came about in the tenth year (42 percent)[8]. This asymmetry in the rhythms of tariff reduction in the destination markets was complemented with the elimination of both sectoral agreements, most of which were annual, and the Generalized System of Preferences (GSP) in the United States. Both programs, which had originally been designed to stimulate Mexican exports, had paradoxically, in the years leading to NAFTA, become real obstacles for the growth of Mexican exports to that market.

TABLE 1. *Tariff reduction schedule agreed in the NAFTA*

Elimination rate (years) %	Mexico grants USA %	Mexico grants Canada %	USA grants Canada %	Canada grants Mexico %
0	35.93	40.99	61.00	88.40
5	3.33	3.71	5.76	4.40
10	42.47	28.30	28.12	7.20
15	18.27	0.00	5.12	0.00
Excluded	0.00	27.00	0.00	0.00
Total	100.00	100.00	100.00	100.00

SOURCE: Text from the NAFTA.

---

commercial partners (i.e., US and Canada). However based on INEGI's information, we now know that the percentage of exports to US and Canada went from 87.3% in 1994 to 81.5% in 2013.

[7] See Serra (1994).

[8] During the NAFTA negotiations one of the arguments against NAFTA was that that tariff reductions on corn would cause a significant reduction in the production of corn in Mexico, despite the fact that corn had the longest grace period in

1. The Generalized System of Preferences

In 1993 Mexico was one the main users of the GSP in the United States. This system consisted of granting preferences to the exporting country through the elimination or discount on tariffs if the value of the export of each good did not exceed a predetermined value. At the beginning this system induced an important growth in Mexican exports, but, as time passed, the limiting value that was required to obtain the preference became an obstacle for the growth of exports of the goods benefited by the system. There are several examples of exporting companies wich, in order to keep the preference and not accumulate excessive inventory, opted to close their plants before the end of year in order not to exceed the limit established by the GSP[9]. The Mexican negotiating position regarding access to NAFTA markets consisted in consolidating the GSP preferences. In other words, the goal was to make sure that the tariff discounts for Mexican exports remained, and that the quantitative limits on the value of said exports disappeared. The counterparts accepted this proposal, which implied an immediate reduction on tariffs in sectors that were already exporting to the American and Canadian markets[10]. This is a relevant characteristic of NAFTA that allowed for an important growth of Mexican exports in a relatively short period.

2. Sectoral agreements

The change in preferential tariffs was accompanied by a change in the sectoral agreements. Although these sought to give exporters greater certainty, their short duration introduced a form of uncertainty which inhibited long-term investments in exporting industries given that exporters never knew with certainty

---

the reductions schedule (15 years). As can be seen in Table 1, the reality is that in the period from 1995 to 2012 corn production increased 19% with a compounded annual growth of 1.03%. Additionally, the correlation of corn production with pluvial precipitation during this period has been much higher than with the tariff reduction. This analysis can be corroborated with data from SAGARPA (SIAP) and CONAGUA (SINA).

[9] See St. Maxens (1991).

[10] Appliances are the most representative example of this phenomenon.

what export regime they would be subject to a relatively short time into the future[11]. The general coverage of NAFTA eliminated, without major exceptions, this type of sectoral agreements, thereby eliminating the uncertainty that they produced and driving investments on exporting industries forward.

These elements of reciprocity, specific to NAFTA, combined with the relative size of the market, largely explain why this treaty has been the most substantive measure of trade liberalization in Mexico.

TREATMENT AND PROTECTION OF INVESTMENT

Chapter 11 in NAFTA[12] established the principles of protection of investment between parties to the treaty. Unlike the GATT, the Pact and the treaty with the European Union[13], NAFTA contemplated rigorous principles for the protection of investments in the region. This distinctive characteristic also explains part of its impact on the general openness of the Mexican economy. When we study the evolution of foreign investment and non-oil exports, we find that there exists a clear relationship between both variables. Box 3 presents an econometric analysis where a causal rela-

[11] Other agreements include those for Textiles and Clothing, cuotas on agroindustrial products and steel products.

[12] Chapter 11 in NAFTA establishes the basic protection the three countries must guarantee to the investments and investor of the member countries: (i) National Treatment - shall grant investors of another Party treatment no less favorable than that it grants, in like circumstances, to its own investors and investments. (ii) Most-Favored-Nation Treatment: Each Party shall accord to investors and investments of investors of another Party treatment no less favorable than that it accords, in like circumstances, to investors of any other Party or of a non-Party with respect to the establishment, acquisition, expansion, management, conduct, operation, and sale or other disposition of investments, implying that any concession granted to investments and investors from third countries, it is automatically extended to the signatory countries. (iii) Standard of Treatment: Each Party shall accord to investors of another Party and to investments of investors of another Party the better of the treatments between "national treatment" and "MFN". (iv) Minimum Standard of Treatment: Each Party shall accord to investments of investors of another Party treatment in accordance with international law. It also has provisions for senior executives; performance requirements, transfers, expropriation; environmental measures, special formalities and information requirements, state enterprises, as well as a dispute resolution system that gives greater certainty to investors.

[13] Neither the GATT nor the EUFTA contain measures to protect investment since neither of these trade agreements have jurisdiction on matters related to investment.

tionship in the manufacturing environment is found: as investments in manufacturing increase, manufacturing exports increase with an eighteen-month delay. This result is not surprising: if we analyze the destination of foreign investment after NAFTA, we see it has been allocated mainly to manufacturing activities, and that, in turn, there has been a very dynamic growth of Mexican manufacturing exports[14]. This leads us to conclude that the rules of investment established in NAFTA also help explain in part its dominant effect in the general process of trade liberalization in the Mexican economy.

Box 3
Causality analysis between manufacturing exports and foreign direct investment in the manufacturing sector of Mexico

To analyze the causality between foreign direct investment in the manufacturing sector and Mexico's manufacturing exports we perform a Granger test. This test was carried using the following method:

$$Y_t = \alpha_0 + \alpha_1 Y_{t-1} + \alpha_2 Y_{t-2} + \alpha_3 Y_{t-3} + \beta_1 X_{t-1} + \beta_2 X_{t-2} + \beta_3 X_{t-3}$$
$$X_t = \alpha_0 + \alpha_1 X_{t-1} + \alpha_2 X_{t-2} + \alpha_3 X_{t-3} + \beta_1 Y_{t-1} + \beta_2 Y_{t-2} + \beta_3 Y_{t-3}$$

where Y is the moving average of four periods of manufacturing exports (annual averages), and X is the six-period delay (a year and a half) of the four period moving average of foreign direct investment in manufacturing (annual average).

The results of this test for the three quarter delay for both series indicate that we cannot reject the null hypothesis that manufacturing exports do not explain FDI. In other words, manufacturing exports do not cause foreign direct investment in manufacturing. On the other hand, we can reject the hypothesis that FDI does not cause manufacturing, leading to the conclusion that foreign direct investment in manufacturing does cause manufacturing exports.

[14] According to INEGI's National Accounts of Economic Information Bank (BIE in Spanish), manufacturing exports have grown 758.8% between 1993 and 2012. Furthermore, according to the External Sector of the INEGI's Economic Information Bank the manufacturing sector is the main beneficiary of foreign direct investment flows to Mexico; in 2012 it captured 47.0% of total foreign direct investment.

Box 3 *(continuation)*

Granger causality test for FDI and manufacturing exports
(1999 - 2013)

Null hypothesis	F-statistic	Probability
The moving average of 4 periods in manufacturing exports does not cause —in the sense f Granger— the lag 6 of the moving average of 4 periods of the FDI.	1.625	0.168
The moving average of 4 periods of the FDI does not cause —in the sense f Granger— the moving average of 4 periods of the manufacturing exports.	3.234	0.012

SOURCE: SAI Law & Economics with data from Banxico.

The distinctive characteristics of NAFTA, in terms of the relative size of the market and pre-treaty trade, the reciprocity in tariff openness, and the treatment of investment, seem to be determinants in explaining why this treaty has been the most relevant in the process of trade liberalization of the Mexican economy since 1986 until today[15]. Let us now analyze the effect of NAFTA on the North American region.

[15] Trade liberalization in goods was accompanied by liberalization in value added telecommunications services, which, together with the removal of tariffs for the importation of computers, generated an environment that led to growth in information technology. Although Mexico did not go beyond the telecommunications liberalization (it was not until 2014 that this sector was fully opened), the opening allowed the effective use of the Internet. Naturally, this contributed to improved competitiveness of enterprises. In addition to telecommunications, the treaty liberalized other professional services, which include capital and professional labor mobility, financial, infrastructure and transport, among others.

III. The Impact of NAFTA on the North American region

In order to analyze the impact of NAFTA on the North American region, we must review the degree of trade and investment integration of the North American economies, the process of macroeconomic convergence between the three countries, and the synchronization of regional economic cycles.

COMMERCE AND INTRA-REGIONAL INVESTMENT

Both trade and investment flows into the interior of the region have grown in a reasonable and sustainable fashion since NAFTA came into effect. The index presented in Box 4 was built specifically to analyze the behavior of these two variables since NAFTA began. It shows a dynamic growth with a notable reduction between 2000 and 2002, which coincides with the entry of China to the WTO and the events of September 11, 2001. These two factors had an important impact on North American trade and investment flows. In particular, when China officially entered the WTO, it automatically received MFN treatment in the United States. This put an end to the uncertainty regarding the access of Chinese goods into the American market, which had previously been subject to annual approval of the status of MFN from the US Congress.

This had a double effect because its modification affected the behavior of Chinese exports, especially manufacturing, and the behavior of American investors, who decided, once the access uncertainty was eliminated, to invest increasingly in Chinese plants for export into the American market. This second effect was major, as shown in the sub-index of foreign investment. Despite the importance of both effects, the index shows an outstanding level of growth: the index goes from 100 in 1988 (the base year), or less than 150 just before NAFTA comes into effect, to 490 in 2011. In addition, a significant drop can be observed in 2009, as a result of the banking crisis associated with the bankruptcy of Lehman Brothers.

Box 4
Integration index of the NAFTA region

In order to measure the trend that integration has followed, two sub-indices were defined: a trade sub-index that represents trade between NAFTA countries, and an investment sub-index; finally, an index that combines both sub-indices as a measure of regional integration is built.

The trade sub-index was calculated using the weighted average of the volume of trade (imports + exports) between Canada, Mexico, and the United States, and is expressed with an index base of 100 in the year 1988.

The investment sub-index was calculated as the weighted average of foreign direct investment within NAFTA, and was indexed with a base in 1988.

The index of integration is the simple average of the sub-index of investment and the sub-index of trade. The evolution of the proposed index of integration shows that North American integration has grown since the end of the eighties, and has substantially accelerated since NAFTA came into effect. Nonetheless, we observe a fall in the trend after 2000-2001, which we expect to be associated with the entry of China to the WTO and with the terrorist attacks of September 11, 2001. Similarly, a decrease in the trend is observed again in 2009, which can be explained by the banking crisis of 2008.

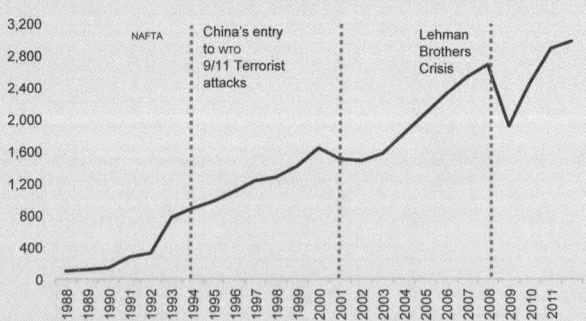

Sub-index of trade integration in North America
(index 1988 = 100, 1988-2012)

SOURCE: sai Law & Economics with data from INEGI, Banco de México, Secretaría de Economía, US Census Bureau, US BEA, and Statistics Canada.

Box 4 *(continuation)*

Sub-index of foreign direct investment integration in North America (index 1988 = 100, 1988-2011)

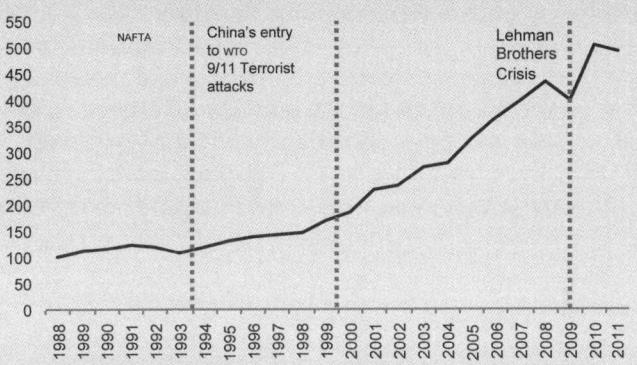

Source: sai Law & Economics with data from inegi, Banco de México, Secretaría de Economía, US Census Bureau, US bea, and Statistics Canada.

Index of trade and foreign direct investment in North America (index 1988 = 100, 1988-2011)

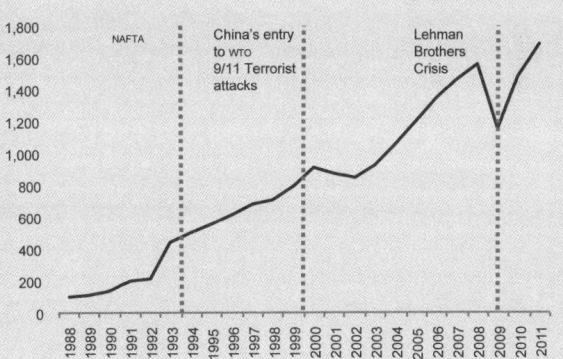

Source: sai Law & Economics with data from inegi, Banco de México, Secretaría de Economía, US Census Bureau, US bea, and Statistics Canada.
Note: The Index of integration of Trade and Foreign Direct Investment in North America and the corresponding sub-indices comply with the following properties: existence, identity, invertibility, circularity, proportionality, and homogeneity.

MACROECONOMIC CONVERGENCE

In addition to the visible growth in trade and regional investments, there has been, throughout NAFTA's lifespan, a process of
macroeconomic convergence among the three North American
economies. The behavior of the main macroeconomic variables
—interest rates, exchange rates, and inflation— of the three economies shows a very clear tendency towards convergence after NAFTA
came into effect. After the Mexican balance of payments crisis
of 1994-1995, these variables in the Mexican economy have con-
verged into a pattern very similar to that in the United States and
Canada. Box 5 shows how the variables converge asymptotically

Box 5
Macroeconomic convergence:
an analysis of co-integration

Co-integration tests were performed in order to analyze the convergence between the different economic variables for the three NAFTA countries. These
tests determine if there exists one or more stable linear combinations between different time series, and thus, a long-term relationship among them.

Inflation
With respect to inflation, the test results indicate that the series of the three
countries are co-integrated since 1999, date in which the evolution of prices in Mexico experienced a clear downward trend and lesser volatility.

Results from the Johansen co-integration test
(January 2000 - October 2013)

Series: Inflation in México, Canadá & United States

Eigenvalue	Likelihood ratio	Critical value 5%	Critical value 1%	Degree of integration
0.120606	46.55095	29.79707	35.45817	None *
0.080837	25.85882	15.49471	19.93711	At most 1
0.073482	12.28778	3.841466	6.634897	At most 2

* Denotes rejection of the null hypothesis at a significance level of 1%.
SOURCE: SAI Law & Economics with data from INEGI.

Box 5 *(continuation)*

The convergence in the levels of inflation of the three countries is presented in the following figure:

Inflation in the North American countries
(percentage, 1993 - 2013)

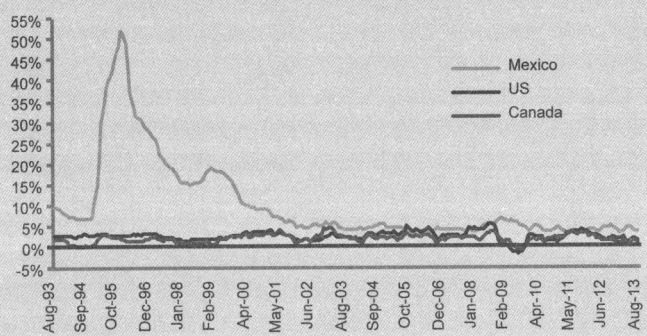

SOURCE: SAI Law & Economics with data from INEGI.

Exchange rate
With respect to the exchange rate, we tested for co-integration between the volatility series of the Canadian dollar and the Mexican peso in terms of US dollars. The results indicate that the series are co-integrated since 1997.

Results from the Johansen co-integration test
(January 1997 - January 2014)

Series: Exchange rate vs USD in Mexico, Canada, and USA

Eigen value	Likelihood ratio	Critical value 5%	Critical value 1%	Cointegrating Equations
0.009095	40.52835	15.49471	19.93711	None *
0.000184	0.801363	3.841466	6.634897	At most 1

* Denotes rejection of the null hypothesis at a significance level of 1%.

Box 5 *(continuation)*

The convergence in the levels of inflation of the three countries is presented in the following figure:

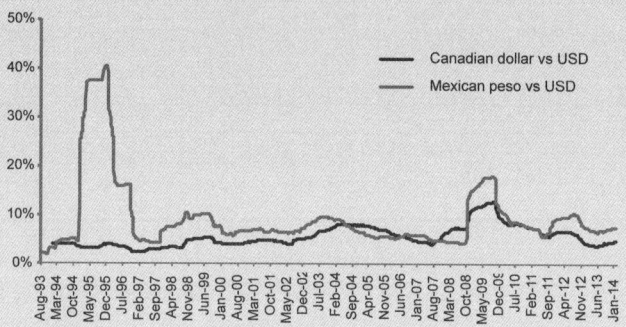

Volatility of exchange rate (percentage, 1983 - 2014)

Source: Elaborated with data from www.oanda.com.

Short-term interest rates
As to the evolution of short-term interest rates, the results indicate that the series of the three countries have been co-integrated since 1996.

Results from the Johansen co-integtation test
(January 1996 - December 2013)

Series: Exchange rate in Mexico, Canada, and USA

Eigenvalue	Likelihood ratio	Critical value 5%	Critical value 1%	Degree of integration
0.117007	37.05229	29.79707	35.45817	None *
0.034787	10.17363	15.49471	19.93711	At most 1
0.011626	2.525861	3.841466	6.634897	At most 2

* Denotes rejection of the null hypothesis at a significance level of 1%.

The following figure shows how the differential between the government bond rates of the three countries has substantially fallen since NAFTA came into effect.

Box 5 *(continuation)*

Short term interest rate (August 1993 - December 2013)

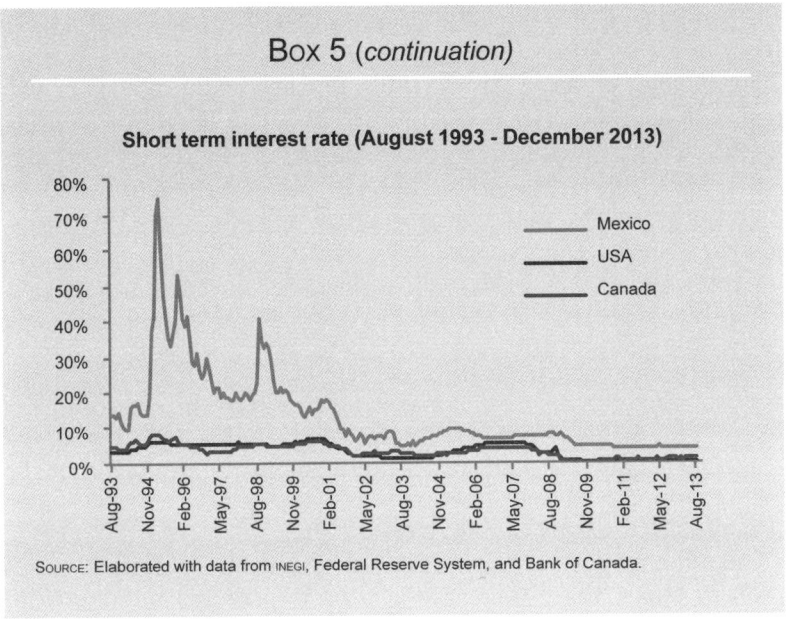

SOURCE: Elaborated with data from INEGI, Federal Reserve System, and Bank of Canada.

as the process of integration evolves. The co-integration tests in the series of interest rate, exchange rate, and inflation are strong and lead to the conclusion that, in effect, there has been a notable process of macroeconomic convergence among the three economies of the region.

The responsible fiscal and monetary policies that the Mexican government has implemented since the 1994-1995 crisis are the fundamental reason for Mexico's macroeconomic stability. It should be added, however, that the openness of the economy has also contributed in this process. The trade balance, as a result of openness, went from being a destabilizing agent in the era of the closed economy to a stabilizing one when the economy opened up[1]. When the economy was closed, there was an anti-export bias, and thus exports were residual in nature, which is why economic growth was always accompanied by increasing trade deficits: as the economy grew there were less exports and growing imports. With liberalization, as we have seen, resources were allocated to

---

[1] See Torres & Vela (2002).

the production of exportable goods and, as a result, exports went from being residual to being one of the main drivers of growth. This means that when growth rates increase, so do exports, which evolve in a similar manner to imports and tend to make the destabilizing element in the trade balance, inherent in times of high protectionism, disappear. The evidence of macroeconomic convergence after the introduction of NAFTA, therefore, is not surprising.

SYNCHRONIZATION OF ECONOMIC CYCLES

In addition to the growth of trade, regional investments and macroeconomic convergence, a synchronization of the economic cycles of the North American economies has also been registered since NAFTA came into effect. Figure 4 shows the evolution of the growth of industrial production in Mexico and the United States; it is clear that there is a high correlation.

An analysis of co-integration, as shown in Box 6, demonstrates that, in effect, the introduction of NAFTA increases the degree of synchronization of the economic industrial cycles in the United States and Mexico. This result is not surprising given the relative

FIGURE 4. *Annual growth of industrial production (quarterly moving average, January 1981- May 2013)*

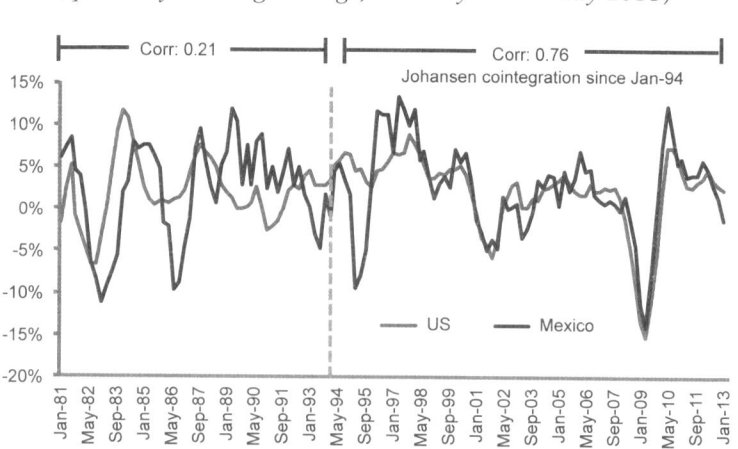

Source: SAI Law & Economics with data from INEGI and OECD.

importance of the North American market for Mexico. As the degree of openness increases, it is only natural for Mexico's gross domestic product to become synchronized with that of its trade partners. This is even more evident when we study the coordina-

Box 6
Economic cycle synchronization: an analysis of co-integration

In order to verify the existence of co-integration between industrial production in Mexico and the United States, we ran a Johansen test, which determines if there exists one or more stable linear combinations among several times series, and thus, a long-term relationship among them. The test was used on two different periods with the following results:

Results from the Johansen co-integration test
1st quarter 1980 – 4th quarter 1993

Series: LOG(Man.Prod.MEX) LOG(Ind.Prod.USA)

Eigenvalue	Likelihood ratio	Critical value 5%	Critical value 1%	Cointegrating equations
0.115693	8.516043	15.41	20.04	None
0.034156	1.876684	3.76	6.65	At most 1

Results from the Johansen co-integration test
1st quarter 1994 – 2nd quarter 2012

Series: LOG(Man.Prod.MEX) LOG(Ind.Prod.USA)

Eigenvalue	Likelihood ratio	Critical value 5%	Critical value 1%	Cointegrating equations
0.174543	16.594320	15.41	20.04	None*
0.031910	2.399811	3.76	6.65	At most 1

* Denotes rejection of the null hypothesis at a significance level of 5%.

For the period leading to NAFTA, the test suggests that the series are not co-integrated. However, for the period marking the beginning of NAFTA until today, the same test indicates the presence of a long-term relationship between industrial production in Mexico and the United States.

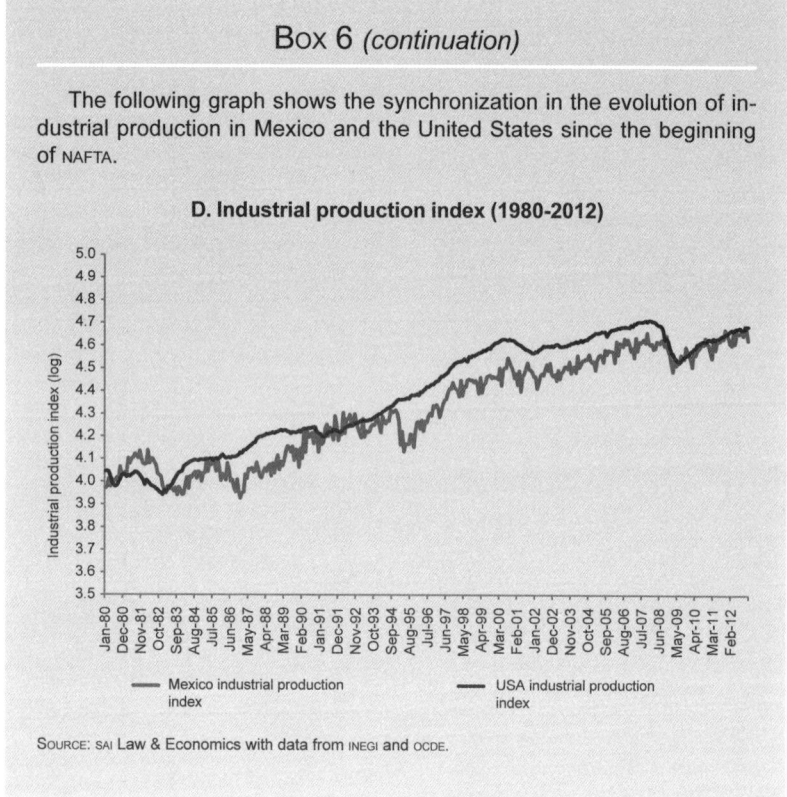

Box 6 *(continuation)*

The following graph shows the synchronization in the evolution of industrial production in Mexico and the United States since the beginning of NAFTA.

D. Industrial production index (1980-2012)

— Mexico industrial production index

— USA industrial production index

SOURCE: SAI Law & Economics with data from INEGI and OCDE.

tion of industrial production cycles in the United States and Mexico, which show a greater degree of co-integration than in the case of total domestic product.

The empirical evidence, and the corresponding econometric analysis, demonstrate that the process of economic integration of the North American region has increased since NAFTA came into effect: trade and investment flows of the region, the macroeconomic convergence, and the synchronization of economic cycles among Mexico, the United States, and Canada have all improved since NAFTA was implemented.

IV. The future of NAFTA:
Towards the competitiveness of North America

AFTER twenty years, in the absence of stimulating public policies, the dynamics of economic integration in North America are beginning to slow down. It is essential that the three governments of the region now take active leadership in the design of public policies if North America is to become the most competitive region in the world. We will now look at the future of NAFTA from this perspective, so as to identify regional public policies that would increase such competitiveness. We will distinguish between intra-regional and extra-regional issues.

NORTH AMERICAN COMPETITIVENESS

Since the creation of NAFTA global trade has faced a proliferation of preferential agreements, while multilateral trade liberalization has faced growing obstacles. Over the last few years, under Article 24 of the GATT, an impressive growth of the number of preferential trade agreements has been registered. Today there are almost 265 agreements registered in the World Trade Organization (WTO), which involve practically every member state of the organization. These treaties represent much more than 50 percent of world trade. Among these treaties there is a large number of regional agreements, defined as agreements between countries that share borders. In this type of trade agreements besides tariffs and other non-tariff preferences, there are advantages due to geographic proximity, which have become of great importance given the increases in transportation costs[1].

[1] See Serra et al. (1997).

It is with this perspective that we must analyze the competitiveness of the North American region, regulated by NAFTA, comparing this region to other regions of the world that are in turn regulated by their own regional treaties.

1. Elements for North American competitiveness

There are various fundamental elements underlining the competitiveness of the region. We will begin by reviewing the profitability metrics of companies established in each of the NAFTA countries in comparison with the more competitive countries in the rest of the world. We will then review the production sharing schemes that have been developed to exploit the comparative advantages of the companies in the region. Similarly, we will analyze transportation costs, which, as we mentioned, also contribute to regional competitiveness. Later, we will study energy costs (specifically natural gas), which represent an important comparative advantage for regional companies. Lastly, we will investigate the endowment of factors of production in North America, which, in an environment of regional mobility, has extraordinary potential for increased competitiveness.

According to the guide for optimal firm location (Guía de Localización Internacional de las Empresas) by KPMG[2], the three most competitive countries in the world are China, India and Mexico, in that order. As presented in Table 2, the operating profitability of pro-forma firms is highest in practically all sectors in these three countries. The United States and Canada, however, are at an inferior position, fluctuating between 9th and 11th place in each of the sectors studied.

Additionally, according to a recent study published by the international consulting firm BCG[3], which evaluates the manufacturing costs of the top 25 manufacturing economies, Mexico is the third most competitive economy, behind Indonesia and India. The study highlights that both Mexico and the United States have improved their cost structure as a result of, inter alia, sustained

[2] "Competitive Alternatives – KPMG Guide to International Business Location Costs" (2011).
[3] "The Shifting Economics of Global Manufacturing" (2014).

productivity growth, stable exchange rates, and the advantage in energy costs.

TABLE 2. *Industry performance by country and range (percentage, 2011)*

	Industry	China	India	Mexico	Canada	USA
Automotive	Profitability after tax	24.8%	25.6%	22.7%	7.9%	5.6%
	Rank	1	2	3	9	11
Electronics	Profitability after tax	33.6%	35.0%	31.4%	15.9	13.6%
	Rank	1	2	3	6	11
Precision manufacturing	Profitability after tax	22.5%	22.6%	19.3%	6.2%	3.5%
	Rank	1	2	3	7	11
Telecomunications	Profitability after tax	31.4%	32.7%	29.0%	9.7%	6.5%
	Rank	1	2	3	7	11
Aerospace	Profitability after tax	30.8%	32.5%	28.1%	10.1%	7.9%
	Rank	1	2	3	7	11
Agri-Food	Profitability after tax	31.7%	34.7%	26.8%	10.7%	9.0%
	Rank	2	1	4	10	12
Chemicals	Profitability after tax	26.4%	26.6%	26.4%	12.6%	10.2%
	Rank	1	4	3	8	11
Green energy	Profitability after tax	28.8%	30.7%	23.9%	9.8%	6.6%
	Rank	1	2	4	9	12
Medical devices	Profitability after tax	42.7%	46.2%	38.8%	11.2%	8.5%
	Rank	1	2	3	9	11
Metal components	Profitability after tax	37.3%	40.2%	32.8%	11.4%	8.1%
	Rank	2	1	3	10	12
Pharmaceuticals	Profitability after tax	38.0%	39.8%	34.0%	13.2%	10.6%
	Rank	1	2	3	8	11
Plastics	Profitability after tax	38.8%	41.9%	34.7%	12.5%	10.4%
	Rank	2	1	3	10	12

SOURCE: KPMG.

Although these studies do not calculate regional competitiveness as such, we can infer that Mexico, being notably more competitive than its trade partners in the region, could contribute substantially to the competitiveness of North America compared to other regions.

Regional integration enables the region to capitalize on Mexico's cost advantages. As a result of growing economic integration, the three countries not only buy and sell products and services from each other, but are beginning to produce jointly, as is shown by the high regional content in the cost vector of North American firms (see Figure 5).

Additionally, in Figure 6 we can note that, with respect to the outsourcing cost index for manufacturing in the United States, Mexico is much more competitive than, for example, China.

FIGURE 5. *United States content in US imports by country (percentage, 2004)*

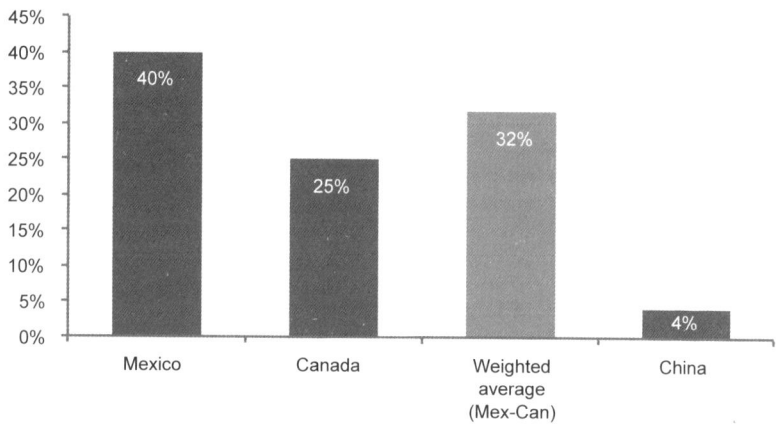

SOURCE: SAI Law & Economics with data from Koopman et al. (2010).

FIGURE 6. *Manufacturing outsourcing costs*[a]
(index US = 100, 2005 - 2010)

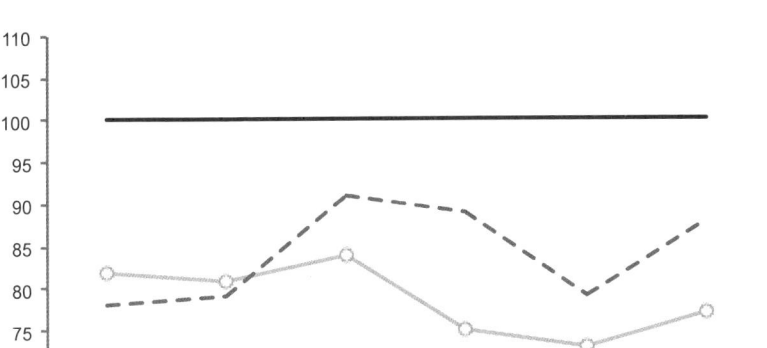

[a] Alix Partners compares the components of the cost vector of different countries with a US base line for the production of a basket of parts which can be done anywhere with US inputs.
SOURCE: Koopman et al. (2010) and Alix Partners (2011).

a) Transportation costs

Today Mexico's advantage in outsourcing is mainly explained by transportation costs. This is particularly clear when we analyze the potential effect on trade flows between the North American region and China. For example, the cost of transporting a standard 40-foot container from China to the east coast of the United States is approximately 3 100 dollars higher than the cost of doing so from Mexico, when the price of a barrel of oil is 50 dpb[4]. This represents a 155 percent increase in costs from China vis-à-vis Mexico, which is equivalent to a 5.2 percent tariff on top of the MFN tariff that China must pay upon entry to the American market, constituting an average preference for Mexican products of around 10.2 percentage points. This effect is, naturally, larger in products that have a low value to transportation cost ratio. It is

[4] Our own estimates based on Rubin & Tal (2008). This advantage has always been present. However, the comparative advantage has grown significantly as a result of technological change in transport, whereby fuel represents a greater share of shipping operating costs as well as the effect of more expensive oil.

not surprising that the participation of these types of products in the total of Chinese exports to the United States has fallen from 52 to 42 percent in a four-year period[5].

b) Energy costs
The region has a very favorable position with respect to energy costs, which constitute a structural force in favor of the economic integration of the region. The revolution in energy supplies in North America, driven by shale gas, has allowed the United States to become the world's largest producer of natural gas. In 2010 its production level was 21.2 billion cubic feet, and it is forecasted to reach levels of 33.1 billion cubic feet by 2040 (19.1 percent of global production). More than 50 percent of said production will be shale gas[6]. 86 percent of the United States' production occurs in three basins: the main one is Marcellus in the northeastern region of the country, while the other two are Haynesville and Barnet, located in the southern states of Texas, Arkansas and Louisiana.

In addition, Mexico has the potential to double natural gas production by 2040, and reach a level of 3.5 billion cubic feet if, as a result of the recent energy reform, Mexico[7] undertakes an adequate exploitation of shale gas reserves in the 5 existing basins in the country: Burgos and Sabinas, which are a geological continuation of the Eagle Ford basin located in the south of Texas, Tampico, Tuxpan and Veracruz. With respect to total production of the North American region, it is expected that natural gas production will increase from 8.4 billion cubic feet to 44.2 billion in 2040, of which an important share will correspond to the production of shale gas. Moreover, technically recoverable reserves in the North American region represent 24.4 percent of the world total, given that the United States, Canada and Mexico are the fourth, fifth and sixth countries respectively with the most technically recoverable reserves.[8]

These elements have allowed the main reference price for the natural gas market in North America (Henry Hub) to be considerably lower than prices in other regions (see Figure 7).

[5] Rubin & Tal (2008).
[6] U.S. Energy Information Administration (2013a).
[7] Official Gazette. December 20, 2013.
[8] U.S. Energy Information Administration (2013b).

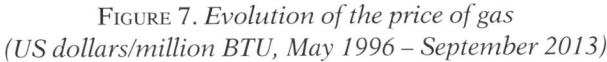

FIGURE 7. *Evolution of the price of gas*
(US dollars/million BTU, May 1996 – September 2013)

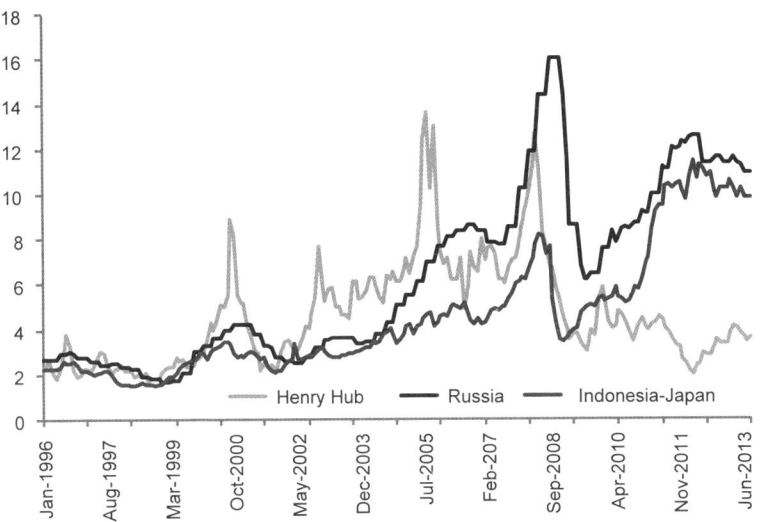

SOURCE: SAI Law & Economics with data from the IMF.

c) Factor endowment

The allocation of factors of production in the region is character-ized by a clear complementarity: the United States and Canada are abundant in capital and Mexico is abundant in labor. The mo-bility of capital, which by nature is greater than that of labor, is referred to, as we have observed, in chapter 11 of NAFTA. This is not the case for labor mobility. Since the negotiation of NAFTA there has been resistance to taking on a complex and politically thorny issue. Nonetheless, from an economic point of view, such comple-mentarity would grant an enviable comparative advantage to the region, as is presented in the exercise in Box 7.

When we calculate the total dependency ratio, the sum of the young and the elder, we observe a ratio of 0.47 in Canada, 0.51 in the United States, and 0.53 in Mexico. The ratio for the region as a whole is 0.51. Mexico has the greatest ratio due to a much high-er youth dependency. As a result, when we project the three popu-

Box 7

Complementarity of labor endowment in NAFTA countries

Total population by age cluster and gender for NAFTA countries, 2012

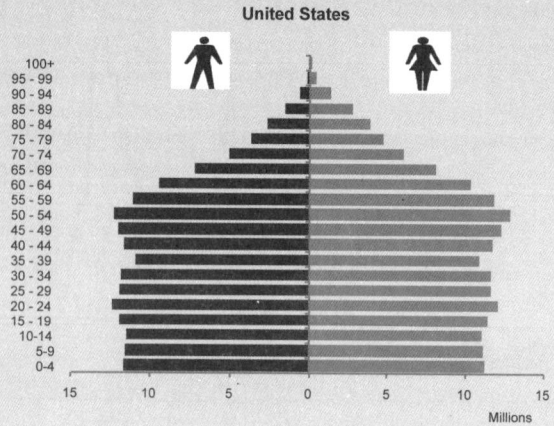

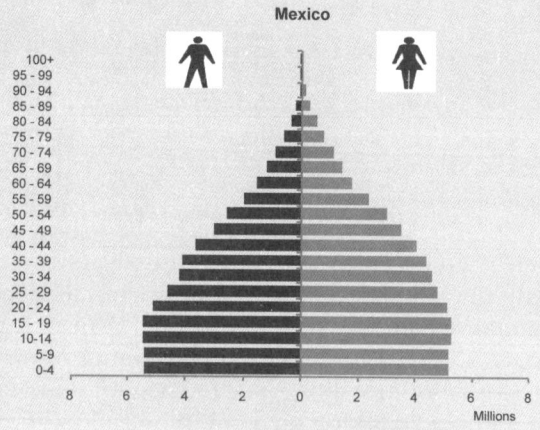

Dependency ratio, 2012

	Youth[a]	Elderly[b]	Total
Mexico	42.9	10.27	52.76
United States	30.09	20.36	50.45
Canada	22.90	24.03	46.92
NAFTA	32.58	18.17	50.75

Box 7 *(continuation)*

Canada

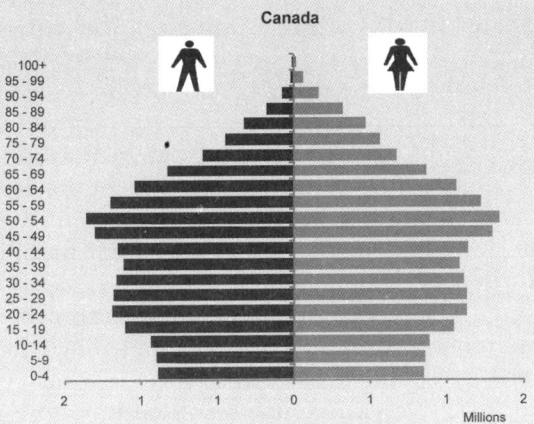

North America

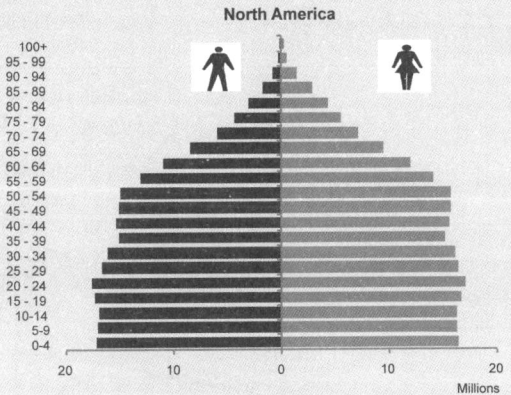

Dependency ratio, 2030[c]

	Youth[a]	Elderly[b]	Total
Mexico	33.96	17.45	51.41
United States	31.76	32.10	63.86
Canada	25.13	41.40	66.54
NAFTA	31.89	28.85	60.73

[a] Under 15-Working age population ratio (15-64 years).

[b] Over 64-Working age population ratio (15-64 years).

[c] Estimated.

lations to 2030, it turns out that the total dependency ratio for Mexico (0.51) falls while the ratios for Canada (0.67) and the United States (0.64) both rise. Although the ratio for the whole region increases (0.58) it is smaller than that of Canada and the United States. In the absence of labor mobility, Canada and the United States will both increase their dependency ratios by 17 and 12 percentage points respectively, whilst Mexico would only increase by 5 percentage points. This is a clear sign of the dynamic of complementary populations between the three countries, which highlights the competitive advantages that labor mobility would add to the North American region.

Not only will North American demographics become more complementary within the countries, but they will also improve the region's competitiveness with respect to other countries in the world, for example, China. As illustrated in Figure 8, the population growth rate of the labor force in North America will be larger than that in China by 2014-2015.

FIGURE 8. *Labor force between 15 and 64 years (Compound annual growth)*

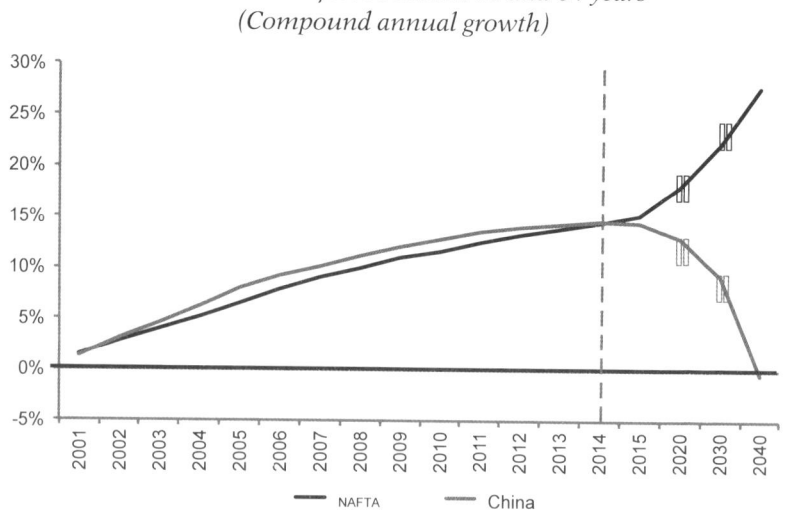

SOURCE: SAI Law & Economics with data from U.S. Census Bureau.

d) Environment

Efforts to tackle environmental problems are potential constraints to competitiveness for countries. The 450 scenario considers the measures that are necessary for the reduction of carbon dioxide emissions if the concentration of greenhouse gasses in the atmosphere are to be stabilized at that level. If, for example, we compare the amount of investment necessary to reach said scenario by 2015, all else constant, China would need to invest 33 percent more than the North American region. Additionally, as the measures needed to reach the 450 scenario are delayed, the investment requirement gap between North America and China widens. For example, if the route towards the 450 scenario were not to begin until 2030, China would need to invest 66 percent more than North America. This would inevitably affect production costs and prices in China, thereby reducing its competitiveness.

The evidence allows us to conclude, with a fair degree of confidence, that the region has reasonable advantages in commercial logistics, energy markets, and a clear complementarity in the markets of factors of production. The region will also face lower environmental protection costs compared with those of other emerging countries such as China. With the present trend in trade regionalization these phenomena generate important comparative advantages.

PUBLIC POLICY IN THE REGION

The comparative advantages previously described can make North America the most competitive region in the world in a sustainable way. The results of twenty years of economic integration pave the way for the introduction of public policies that potentialize the region's competitiveness. For this to happen, governments must define both an intra-regional and an extra-regional economic agenda. Let us therefore analyze the founding elements of such policies.

1. Intra-regional economic agenda

The analysis of North Americas' comparative advantages provides in and of itself guidelines for the design of a series of public policies that push regional competitiveness forward. These policies, together with those already in place, would make the economic relationship between the three countries within the region more efficient.

The three building blocks for the instrumentation of these policies are: first, geographical proximity, whereby gravitational effect alone induces the regional productive agents to provide products and services within North America; second, the energy revolution in the region (specifically shale gas) which, coupled with the constitutional reform of Mexico's energy regulatory framework, will allow the region as a whole to benefit from the lowest price of gas in the world; third and lastly, the complementarity in the endowment of labor resources between the three countries, will allow the region to benefit from a stable demographic structure, with low dependency ratios and a very competitive labor supply, in comparison with other regions in the world.

In order to take advantage of the elements of regional proximity and obtain the benefits of the gravitational force of trade and investment flows, the three countries must design a Trilateral Logistic Agreement in North America that will reduce the transportation and transaction costs that economic agents in the region face in cross-border activities. A program of this nature would naturally have to include a solution to the conflict of tractor trailers which, in clear violation of the terms of NAFTA, are still not permitted to cross borders, producing, as a result, additional costs that both hinder exports and imports between the countries and make them more expensive. A program of this nature must also consider additional trilateral investments and regulations regarding customs infrastructure and modernization, and land, maritime and air communication pathways.

North America's energy advantage is fundamental, particularly in manufacturing. The three countries could contribute immensely to the region's competitiveness with the creation of a Trilateral Energy Program of North America, with the intention of generating an energy supply that has genuine regional coverage. As shown in Figure 8, the region has the opportunity to benefit from the cheapest gas in the world for the coming years. The effect on economic activity, and, particularly on manufacturing, is enormous; the price of gas in our region is 2.5 times lower than in Europe and Asia today. If, through this program, all the economic agents of the region were to have access to such a supply of gas, the competitiveness of North America, and its economic and social benefits, would be extraordinary.

The complementarity in the endowment of factors of production in North America can become an exceptional source of competitiveness. While Canada and the United States have an abundant supply of capital, Mexico has an abundant supply of labor. As mentioned, NAFTA includes, in its investment provisions (Chapter 11), the mobility of capital without major restrictions. This, however, is not the case with labor. Unfortunately, the debate around immigration, which has become such a politically charged issue in the United States, has clouded people's ability to see the advantages that labor mobility may offer to the region. As presented earlier in this essay, the most basic demographic analysis shows that a labor mobility policy would give the region a strong source of additional competitiveness in the use of factors of production that could stimulate economic activity in the medium and long terms. The three countries should create an Agreement of Labor Mobility, which will allow workers to offer their services in the whole region, but have permanent residence only in their country of origin. Programs of this nature have already been introduced in the region: there is currently a program of visiting workers (Seasonal Agricultural Workers Program Mexico-Canada[9]) between Mexico and Canada which has produced good results, and, albeit small, it nonetheless provides a model that, with adequate adjustments, could be scalable to the whole region.

2. Extra-regional economic agenda

The degree of integration between the three countries in the North American region highlights the need to coordinate individual trade negotiation strategies with the rest of the world. The two mega-regional negotiations currently underway present a unique opportunity to establish rules for coordination amongst the NAFTA parties.

The Trans-Pacific Partnership (TPP) is both an opportunity and a challenge for our region. It is an opportunity to access Asian

[9] Consulmex, Consulate General of Mexico in Toronto.

markets without trade barriers, generating advantages over those countries that are not participating in the negotiations (e.g. Brazil and China). The challenge, on the other hand, lies in making sure that the NAFTA parties do not lose access to the advantages provided by their own regional market. In particular, we must ensure that new obstacles for access to the respective North American markets do not arise in environmental and labor matters. An ideal scenario would be for the three governments to reach an agreement whereby all trade and investment transactions that originate in the region be regulated by NAFTA's original rules.

Another example that also requires coordination between the three North American countries is the negotiation of the free trade agreement between the United States and the European Union, known as the Transatlantic Trade and Investment Partnership (TTIP)[10]. In this case, however, the issue is different from that outlined above. Both Mexico and Canada have an existing free trade agreement with the European Union. Once the negotiation between the United States and the European Union is finalized, there will be three treaties pertaining to each of the three countries; this, inevitably, will bring complexity and high transaction costs for the economic agents in both regions. The natural thing would be for these three treaties to combine into a single agreement, one treaty between the two regions. In addition to the reduction in costs and the elimination of customs complexities, this would lead to a simplification of the rules of origin, which would have positive effects on the economic efficiency of firms involved in trade between the regions. Specifically for Mexico, there could be an important increase in the versatility and diversification of exports, because the high North American content found in exports today would be permitted when complying with the rules of origin for exports to Europe.

These are important examples of the type of coordination that the North American region requires, within a common trade agenda vis-à-vis the rest of the world, if we are to generate greater com-

[10] The TTIP would include 29 countries: Austria, Belgium, Bulgaria, Croatia, Cyprus, Denmark, United States, Slovakia, Slovenia, Spain, Estonia, Finland, France, Greece, Hungary, Ireland, Italy, Latvia, Lithuania, Luxembourg, Malta, Netherlands, Poland, Portugal, United Kingdom, Czech Republic, Romania, and Sweden.

petitiveness for businesses in the region. The parties to NAFTA have to understand that the economic integration that has occurred in the last twenty years represents a unique platform which, under an intelligent coordination mechanism, favorably positions the region to become more competitive.

In summary, after two decades of economic integration between our countries, it is necessary to agree with our partners on the definition of two complementary economic agendas; an intra-regional economic agenda that secures competitive transportation, logistic and energy costs and a full exploitation of the allocation of factors of production; and an extra-regional economic agenda that, through effective coordination of trade policies with the rest of the world, generates efficiencies and reduces transaction costs so that the region becomes the most competitive in the world, without using protectionist policies.

CONCLUSIONS

Trade liberalization in Mexico began with timid and delayed measures in the first half of the eighties[1]. It was not until the country's entry into the GATT in 1986, however, that the liberalization process began to take on a more rigorous and disciplined form. The two initial liberalization decisions were: first, entry into GATT, and second, the decision to set a maximum tariff of 20 percent in the implementation of the Pact, towards the end of 1987. These two measures were unilateral and reduced the MFN tariff; their instrumentation did not include tariff reduction or non-tariff barrier elimination by counterpart countries. Nonetheless, this initiated the elimination of the anti-export bias that the economy had generated after a long period of protectionism.

The rest of the measures that followed in this process, through the negotiation of numerous free trade agreements, were not unilateral and did not affect the MFN tariff, but rather the applicable tariff for the countries involved in each respective negotiation; these negotiations aimed to reduce our barriers to trade in exchange for the elimination of barriers in the other markets. Naturally, the greatest advance in trade liberalization was achieved with the negotiation of NAFTA. Although there was not a reduction of the MFN tariff, as a result of the size of the region the treaty resulted in the largest opening that the Mexican economy

---

[1] For instance, to facilitate the purchase of intermediate goods for use in the production of export goods exporters were granted the right to import-export goods (DIMEX). This law permitted the importation, without previous permits, of products with a value of up to 30% of the value of exports. Bancomext (1986).

has experienced. Furthermore, as new treaties have been added, so the weighted tariff of Mexico has been declining[2].

NAFTA has reached its twentieth anniversary. Its effect on the economic integration of the region can be analyzed in terms of the effects it has had on the Mexican economy and the effects it has had on the North American region. An important characteristic of this process of integration is that to a large extent it happened in the absence of common public policies of the three governments involved. In reality, the creation of growing trade and investment flows was fundamentally determined by the market, which has gone far beyond regulatory and governmental decisions.

The main effect on the Mexican economy can be summarized by the elimination of the distortion in the relative price of importable and exportable goods. The most notable consequence of this correction is the increase in the country's manufacturing exports from around a hundred million dollars per day in 1993 to almost a billion dollars per day in 2013. Similarly, foreign investment flows towards Mexico grew by a factor of almost ten, increasing from average annual investments of two billion dollars in the five years leading to NAFTA, to more than twenty billion in the last five years.

The effects on the region are also noteworthy. The rate of integration of trade and foreign direct investment in North America increased from about 500 in 1994 to more than 1 700 in 2011 (see Box 4). Additionally, throughout these twenty years, there has been a clear convergence of the main macroeconomic variables of the countries in the region: both inflation and short term interest rates have experienced an asymptotic convergence within the region, and a similar effect is observed with respect to the variance of the exchange rate of the Canadian dollar and the Mexican peso in relation to the American dollar, both under a floating regime. The economic cycles of the three countries have shown an obvious synchronization, and a production sharing process has been created which gives firms in the region a competitive advantage.

These results allow us to think about a regional economy that is in a clear process of integration. NAFTA should, therefore, be-

---

[2] See Serra (1994).

come a platform to stimulate North America's competitiveness. It is imperative that the governments of the region take substantial steps to achieve greater degrees of efficiency through public policies that exploit the competitive advantages in the three countries and the region itself. There are advantages that require government decisions to remove obstacles; they will not occur from simple market dynamics.

Today the region is one of the most competitive in the world because, in addition to its development of production sharing that already reaps the individual advantages of each of our three economies, it has regional advantages in terms of transportation and logistics costs to serve the regional market. Similarly, and quite notably, the region faces substantially lower natural gas prices compared to the rest of the world. Finally, the region has a very healthy and complementary endowment of factors of production. The supply and mobility of capital in the region is robust and has a great opportunity for growth. The potential for labor mobility in the region is also very significant; if accompanied by appropriate policies, it can generate a supply of labor that gives advantages to the region with respect to other countries that begin to face an accelerated aging of the population (e.g. China).

In order to fully capture these advantages it is indispensable that the three countries define public policies through common economic agendas. There are issues that naturally refer to intra-region matters that affect the economy's dynamic within the region. Similarly, there are issues, and there will continue to be more, that are extra-regional in nature, and that relate to matters pertaining to the relationship of the region as a whole with the rest of the world.

The strategic issues affecting the intra-regional economic agenda are those related to logistics, energy, and labor. Our governments could contribute enormously to North America's competitiveness if they were to implement a trilateral logistics, energy, and labor mobility programs for North America.

In the extra-regional environment the common economic agenda is strategic. The current negotiations of TPP and TTIP present a unique opportunity to begin a process of collaboration between our respective governments to design trade policies with the rest of the world that, without the use protectionist elements, generate efficiencies and give the region greater competitiveness.

In conclusion, after twenty years, NAFTA can serve as the platform upon which regional public policies that stimulate competitiveness in the North American region are introduced, generating growth of our respective economies with greater and more equitable development of the North American countries.

EPILOGUE
The Mexican players
in NAFTA's negotiation

NAFTA's negotiation, which lasted almost four years, faced complex obstacles, because, among other reasons, it had two very different stages. The first stage, the one with the most substance, was during the administration of George H.W. Bush (1989-1993), when the main text of the treaty was finalized. The second stage occurred during the administration of Bill Clinton (1993-2001)[1], and concluded with the signing of the parallel treaties on environmental and labor issues. The nature of both negotiations was completely different.

The first stage was complex because even though, as we have said, there were only two fundamental objectives, the treaty covered numerous issues related to facilitating trade and investment flows effectively. In this part of the negotiation a large variety of issues were raised, such as market access, rules of origin, sectoral issues, norms, investment and dispute settlements, amongst others. Nonetheless, the positions of the three governments were aligned in the main goal: The three countries wanted to build a free trade area eliminating tariff and non-tariff barriers to promote trade and investment flows in the region. It was a complex negotiation, but it was not difficult.

The second stage has its origin in the electoral battle between Bush and Clinton. Clinton's victory took us to the second stage of the negotiation because his government mandated that environmental and labor issues must be included for the treaty to be sent to Congress. This came from pressure brought about by unions and environmental groups during the campaign, who were not in

---

[1] The team of Canadian negotiators also changed between the two stages.

favor of free trade. As a result the disciplines that the new administration wanted to incorporate were, in reality, a way of reintroducing non-tariff barriers, so as to make the market access that had been achieved in the text agreed with the previous government more difficult. In this case, the negotiating parties were not aligned. As a result this negotiation, in contrast with that of the main text, was difficult but not complex.

This dichotomy was reconciled by agreeing that the negotiation on environmental and labor issues be made through parallel agreements, in order to avoid reopening the text negotiated with the Bush administration. After almost a year of negotiations the text on these issues was agreed, such that it did not dilute the advantages to market access that had previously been obtained for Mexican exporters. In fact, to this date, there has not been a single case under NAFTA environmental or labor issues that has resulted in the introduction of trade sanctions.

All of this was possible thanks to the exceptional work of the negotiating group headed by Herminio Blanco and coordinated by Jaime Zabludovsky (Annex 1). They both created and directed a group of highly trained professionals with a unique sense of loyalty to the country and an unparalleled work ethic. In the first stage alone of the negotiation, the negotiating group was involved in 5 plenary meetings, 7 ministerial meetings, and 11 meetings with the heads of the negotiation. In total, the different members of the group participated in more than 218,242 working meetings.

The successful handling of both negotiations was also due to the creation of several different bodies which enabled a noteworthy coordination within the government and between the negotiators and the different parts of the Mexican society that had a direct interest in the negotiation.

The Interministerial Commission of the Free Trade Agreement was created and an Advisory Council was appointed. The Interministerial Commission of Free Trade, composed of representatives of the Ministries of Foreign Affairs, Finance, Social Development, Labor and Social Welfare, the Bank of Mexico, and the Office of the President met multiple times. Other Ministries participated as issues within their area of competency were negotiated: Interior, Energy, Mines and State Industry, Agriculture and Water Resources, Communications and Transportation, Public Education and Fisheries. In this way, the necessary institutional coordination was achieved among the Federal Government Agencies (Annex 2).

The Advisory Council, composed of representatives from labor, agricultural and the business sectors, together with the main universities and higher education institutions, met 24 times. The Council had a crucial role in helping to formulate guidelines for the negotiation, as well as in providing diagnoses and opinions on particular issues for each of the chapters that made up the Treaty. Furthermore, because members of the Council performed their tasks in different cities, opinions came from different regions of the country. The General Council Coordinator organized numerous statewide meetings on topics of local interest related to the Treaty (Annex 3).

There was continuous work with representatives of the different production sectors, who came together in a body called the Coordinator for Foreign Trade Business Organizations (COECE), This body prepared 180 sectoral projects. In addition, they were present in the meetings of the negotiation, under a category that was called "the room next door". Their presence constituted an invaluable support for the negotiators, both because of their specialized knowledge and their business experience. More than 2 600 meetings were held with this group (Annex 4).

NAFTA, the first free trade agreement to be negotiated between a developing country and two developed countries, was successfully completed in a way that complied fully with its objectives, thanks to the participation of all these groups.

ANEXOS* / ANNEXES*

* Lista de negociadores que se presentó en Serra (1992). Además de los principales responsables de cada mesa de negociación, hubo una participación de un gran número de profesionales, funcionarios de SECOFI, que con gran preparación y entrega hicieron posible que la negociación llegara a buen puerto.

* List of negotiators as appeared in Serra (1992). In addition to the heads of each negotiating table, there was a number of professional staff from the Ministry of Trade and Industrial Development (SECOFI), whose excellent preparation and dedication made the success of the negotiation possible.

ANEXO 1 / ANNEX 1

GRUPO NEGOCIADOR
NEGOTIATING GROUP

Jaime Serra Puche
Secretario de Comercio y Fomento Industrial
Secretary of Commerce and Industrial Development

Herminio Blanco Mendoza
Jefe de la Oficina de Negociación del Tratado de Libre
    Comercio
Secretaría de Comercio y Fomento Industrial
Chief of the Office Negotiating the Free Trade Agreement
Ministry of Commerce and Industrial Development

Jaime Zabludovsky Kuper
Coordinador General de la Oficina de Negociación del Tratado de
    Libre Comercio
Secretaría de Comercio y Fomento Industrial.
General Coordinator of the office for the Negotiations of the Free
    Trade Agreement
Ministry of Commerce and Industrial Development

Guillermo Aguilar Álvarez (SECOFI)
Abogado en Jefe
Chief Counsel

Principales responsables
Principals
Reglas de origen (capítulos IV, V, IX)
Rules of Origin (Chapters IV, V, IX)
Aslan Cohen (SECOFI), Raúl Ramos (SECOFI), Jorge Enrique Loera
    (SHCP)

Acceso a mercados (capítulos III, VII, XIV, XV)
Market Access (Chapters III, VII, XIV, XV)
Raúl Ramos (SECOFI), Eduardo Pérez Mota (SECOFI), Emilio Romano Mussali (SHCP)

Sector agropecuario (capítulo VII)
Agricultural Sector (Chapter VII)
Luis Téllez K. (SARH), Aarón Schwartzrnan (LICONSA), Israel Gutiérrez (SECOFI), Eduardo Solís (SECOFI)

Sector automotriz (capítulo III)
Automobile Sector (Chapter III)
Fernando Sánchez Ugarte (SECOFI), Israel Gutiérrez (SECOFI), Manuel Fernández (SECOFI)

Sector textil (capítulo III)
Textile Sector (Chapter III)
Enrique Espinosa (SECOFI), Decio de María (SECOFI), Rocío Ruiz Chávez (SECOFI)

Sector energético (capítulo VI)
Energy Sector (Chapter VI)
José L. Alberro (Pemex), Ma. Elena Cardero (SRE), Marcela Serrato (SEMIP), Jesús Flores (SECOFI), Alejandro de la Peña (SECOFI)

Compras del sector público (capítulo X)
Government Procurement (Chapter X)
Carlos Ruiz Sacristán (SHCP), Jorge Chávez (SHCP), Carlos Hurtado (Sedesol), Antonio Schleske (SECOGEF), José L. Alberro (Pemex), Manuel Arce (CFE), Héctor Olea Hernández (SECOFI)

Salvaguardas (capítulos III, VII, XIX, XVIII)
Safeguards (Chapters III, VII, XIX, XVIII)
Enrique Espinosa (SECOFI), Armando Ortega (SECOFI), Álvaro Baillet (SECOFI), Fernando Serrano (SECOFI)

Prácticas desleales (capítulo XIX)
Unfair Practices (Chapter XIX)
Enrique Espinosa (SECOFI), Armando Ortega (SECOFI), Álvaro Baillet (SECOFI), Fernando Serrano (SECOFI)

Normas (capítulo VII)
Norms (Chapter VII)
Enrique Espinosa (SECOFI), Agustín Portal (SECOFI), Jerónimo Ramos (SEPESCA), Luis Fernando Hernández (SS)

Servicios y telecomunicaciones (capítulo XIII)
Telecommunications (Chapter XIII)
Fernando de Mateo (SECOFI), Rodrigo Chávez (SCT), Enrique Sánchez Bringas (SEP), Guillermo Kelley Salinas (SG), Guillermo Ornelas Gutiérrez (SEP), Carlos Lara (SCT), José Antonio Padilla (SCT)

Servicios financieros (capítulo XIV)
Financial Services (Chapter XIV)
Guillermo Ortiz (SHCP), José Ángel Gurría (SHCP), Eduardo Fernández (BM), Marco Provencio (SHCP), Patricia Armendáriz (SHCP), Carlos Noriega (SHCP), Tomás Ruiz (BM), Raúl Ramos (SECOFI), Fernando Salas (SECOFI)

Transporte terrestre (capítulo XII)
Cross-Border Trade in Services (Chapter XII)
Fernando de Mateo (SECOFI), Alejandro Peniche (SCT), Rodrigo Chávez (SCT)

Movilidad temporal de personas (capítulo XVI)
Temporary Entry for Business Persons (Chapter XVI)
Fernando de Mateo (SECOFI), Guillermo Kelley Salinas (SG), Agustín E. Ibarra (STPS), Eduardo Almeyda (SEP), Rodrigo Chávez (SCT), Enrique Sánchez Bringas (SEP), Juan José Calzada Marrufo (SECTUR)

Inversión (capítulo XI)
Investment (Chapter XI)
Jorge Amigo (SECOFI), Guillermo Aguilar (SECOFI), Fernando Heftye (SECOFI), Miguel Díaz (SRE), Eduardo Fernández (BANXICO), Tomás Ruiz (BANXICO), Marco Provencio (SHCP)

Propiedad intelectual (capítulo XVII)
Intellectual property (Chapter XVII)
Roberto Villarreal Gonda (SECOFI), Fernando Serrano (SECOFI), José Ma. Morín Petraca (SEP)

Solución de controversias (capítulo xx)
Dispute Settlement Procedures (Chapter xx)
Fernando Serrano (SECOFI), Guillermo Aguilar Álvarez (SECOFI),
Luis Miguel Díaz (SRE)

Acuerdo ambiental
Environmental Agreement
Jaime Serra Puche (SECOFI), Herminio Blanco Mendoza (SECOFI),
Jaime Zabludovsky Kuper (SECOFI), Fernando Salas (SECOFI),
Guillermo Aguilar (SECOFI), Santiago Oñate (Procuraduría Fe-
deral del Medio Ambiente), Carlos Hurtado (Sedesol).

Acuerdo laboral
Labour Agreement
Jaime Serra Puche (SECOFI), Herminio Blanco Mendoza (SECOFI),
Jaime Zabludovsky Kuper (SECOFI), Israel Gutiérrez (SECOFI),
Guillermo Aguilar Álvarez (SECOFI), Norma Samaniego (STPS),
Roberto Casellas (STPS)

ANEXO 2 / ANNEX 2

Herminio Blanco Mendoza (SECOFI)
Jefe de la Oficina de Negociación del Tratado de Libre Comercio
Chief of the Negotiating Office of the Free Trade Agreement

Jaime Zabludovsky Kuper (SECOFI)
Coordinador General de la Oficina de Negociación del Tratado
de Libre Comercio
General Coordinator of the Office for the Negotiations of the Free
Trade Agreement

Javier Barros Valero (SRE)

Fernando Clavijo Quiroga
(Presidencia de la República)

Roberto del Cueto Legaspi
(Banco de México)

Pascual García de Alba (SEP)

José Ángel Gurría Treviño (SHCP)

Carlos Hurtado López (SEDESOL)

ANEXO 3 / ANNEX 3

MIEMBROS DEL CONSEJO ASESOR DEL TRATADO
DE LIBRE COMERCIO
MEMBERS OF THE ADVISORY BOARD
FOR THE FREE TRADE AGREEMENT

Sector público
Public Sector
Jaime Serra Puche
Presidente del Consejo Asesor
Chairman

Herminio Blanco Mendoza
Secretario Técnico de Consejo Asesor
Technical Secretary of the Advisory Board

Jaime Zabludovsky Kuper

Socorro Díaz Palacios

Eric Álvarez Gurza

Sector laboral
Labour Sector
Dip. Roberto Castellanos Tovar

Sen. Netzahualcóyotl de la Vega García

Ignacio Cuauhtémoc Paleta

Rafael Riva Palacio Pontones

Alfonso Sánchez Madariaga

Sector agropecuario
Agricultural Sector
Dip. Hugo Andrés Araujo de la Torre

Javier Garza de la Cabada

Dip. Jesús González Gortázar

César González Quiroga

Sector empresarial
Business Sector
Ignacio Aranguren

Jesús Cevallos Gómez

Ricardo Dajer Nahum

Juan Gallardo Thurlow

Claudio X. González

Enrique Hernández Pons

Nicolás Madahuar Cámara

Enrique Robinson Bours

Andrés Marcelo Sada

Sector académico
Academia
Jorge Bustamante

Juan Casillas García de Leo

Arturo Fernández Pérez

Óscar Joffre Velázquez

Mario Ojeda Gómez

Rafael Rangel Sostmann

José Sarukhán Kermez

ANEXO 4 / ANNEX 4

COORDINACIÓN EMPRESARIAL PARA EL TRATADO
DE LIBRE COMERCIO
BUSINESS COORDINATION FOR THE FREE TRADE
AGREEMENT

Integrantes de la COECE
Members of COECE
Juan Gallardo T.
Coordinador
Coordinator

Guillermo Güemez García
Director Ejecutivo
Executive Director

Sector agropecuario
Agricultural Sector
Eduardo Bours C.
Coordinador
(35 representantes en este sector)
Coordinator
(35 sector representatives)

Comercio y servicios
Commerce and Services
Ruperto Flores
Coordinador
(18 representantes en este sector)
Coordinator
(18 sector representatives)

Sector industrial
Industrial Sector
Rodolfo Cruz Miramontes
Coordinador
(117 representantes en este sector)
Coordinator
(117 sector representatives)

Banca
Banking
Patricio Ayala González
Coordinador
Coordinator

Sector financiero
Financial Sector
Carlos Villagómez
Coordinador
(5 representantes de este sector)
Coordinator
(5 sector representatives)

Seguros
Insurance
Tomás Ruiz Ramírez
Coordinador
(5 representantes de este sector)
Coordinator
(5 sector representatives)

Abogados
Lawyers
Rodolfo Cruz Miramontes & Eduardo Medina Mora Icaza
Coordinadores
Coordinators

ALENA et la formation d'une region
Résumé

L'ouverture commerciale du Mexique a débuté, par le biais de mesures timides et tardives, au cours de la première moitié des années 80.[1] Cependant, ce n'est qu'à partir de l'entrée du pays dans le
GATT (Accord général sur les tarifs douaniers et le commerce) en
1986 que le processus d'ouverture a commencé à prendre forme
de façon rigoureuse et disciplinée. En plus de l'adhésion au GATT,
la décision de fixer un droit douanier maximal de 20% dans le cadre
du programme de stabilisation économique (le Pacte), introduit à
la fin de l'année 1987, eut un grand impact sur l'ouverture commerciale du pays. Ces deux mesures furent prises unilatéralement
et permirent la réduction des droits douaniers des clauses NPF
(Clause de la nation la plus favorisée) ; leur mise en œuvre n'impli-
qua pas, en contrepartie, la diminution des droits douaniers ou
l'élimination des barrières non tarifaires de la part d'autres marchés
étrangers. Cependant, ces mesures entamèrent un processus d'élimination du biais anti-exportation présent dans l'économie après
une longue période de protectionnisme commercial.

Les mesures postérieures en matière d'ouverture commerciale
ont été le résultat de nombreuses négociations portant sur des
traités de libre-échange ; elles n'ont donc pas été adoptées de manière unilatérale et ont affectés non pas les droits douaniers matière des clauses NPF mais plutôt les droits applicables de façon

---

[1] Afin de permettre à l'exportateur d'acheter des biens intermédiaires pour
produire des biens finaux destinés à l'exportation, le Mexique instaura alors un
régime douanier spécial pour l'importation de marchandises destinées à l'exportation (DIMEX). Ce régime permettait d'importer, sans autorisation préalable, des
biens d'une valeur équivalente à 30% de la valeur des ventes correspondantes à
l'extérieur. Bancomext (1986).

particulière aux pays prenant part aux négociations respectives :
la diminution additionnelle de nos barrières commerciales a été
alors introduite en échange de l'élimination de barrières tarifaires
dans les autres marchés. Naturellement, la plus grande avancée
en matière d'ouverture commerciale s'est manifestée dans la né-
gociation de l'ALÉNA (l'Accord de libre-échange nord-américain).
Bien qu'il ne fût pas question de réduire les droits douaniers des
clauses NPF, le traité s'est traduit, du fait de son ampleur, par la
plus grande ouverture que l'économie mexicaine ait pu connaître.
En outre, au fil des nouveaux traités signés par la suite, nous nous
sommes rapprochés de l'équivalent d'une ouverture supplémen-
taire des clauses NPF : le tarif douanier mexicain pondéré n'a cessé
de diminuer à mesure que le pays négociait de nouveaux traités
de libre-échange.[2]

L'ALÉNA vient de célébrer son vingtième anniversaire. Ses effets
sur l'intégration économique de la région peuvent être divisés
entre les impacts sur l'économie mexicaine et ceux au niveau de
la région nord-américaine. Une caractéristique importante de ce
processus d'intégration est qu'il s'est quasiment développé en
l'absence de politiques publiques communes aux trois gouvernements. Dans la réalité, les flux croissants de commerce et d'investissements ont été déterminés de manière fondamentale par les
forces du marché, qui ont pris de cours les décisions gouvernementales et celles des autorités de régulation.

Le principal effet de l'ALÉNA sur l'économie mexicaine peut se
résumer par l'élimination des distorsions pesant sur le prix relatif
entre les biens exportables et les biens importables. La consé-
quence la plus remarquable de cet ajustement réside dans le fait
que les exportations manufacturières du pays ont véritablement
explosé, passant d'environ cent millions de dollars par jour en
1993 à près d'un milliard de dollars par jour en 2013. De même,
les flux d'investissement étrangers vers le Mexique ont été multi-
pliés par dix, passant d'un rythme annuel moyen de deux milliards de dollars lors des cinq années précédant l'introduction de
l'ALÉNA, à plus de vingt milliards au cours de ces cinq dernières
années.

Les effets sur la région sont également notables. L'indice d'intégration des échanges et des investissements étrangers directs en

---

[2] Voir Serra (1994).

Amérique du Nord est passé d'environ 500 en 1994 à plus de 1 700 en 2011 (voir Encadré 4). En outre, au cours de ces vingt ans, on a observé une convergence très claire des principales variables macroéconomiques des pays de la région : les taux d'inflation et les taux d'intérêt à court terme ont convergé ; de façon très similaire, la volatilité des taux de change du dollar canadien et du peso mexicain par rapport au dollar américain, tous deux évoluant sous un régime de libre flottement, s'est resserrée. Les cycles économiques des trois pays ont montré une synchronisation évidente ; un véritable processus de production partagée, différent des schémas traditionnels d'*outsourcing*, s'est mis en place et procure un avantage concurrentiel aux entreprises de la région.

Ces résultats manifestent un clair processus d'intégration économique à l'échelle de la région. Mais l'ALÉNA doit maintenant aller plus loin et se convertir en une plateforme pour stimuler la compétitivité en Amérique du Nord. À cet égard, il est désormais indispensable que les gouvernements de la région prennent les initiatives de fond en matière de politiques publiques pour tirer profit des avantages comparatifs des trois pays et de la région dans son ensemble. Le plein développement des complémentarités avantageuses des économies des trois pays ne peut plus reposer sur la seule dynamique du marché mais exige des décisions gouvernementales stratégiques.

Aujourd'hui, la région nord-américaine est l'une des plus compétitives du monde car, en plus du développement de la production partagée qui tire déjà profit des avantages individuels de chacune de nos trois économies, elle bénéficie d'avantages régionaux en termes de coûts de transport et de logistique pour servir le marché régional. De même, et de façon remarquable, la région bénéficie d'un prix du gaz particulièrement bas en comparaison au reste du monde. Finalement, la région est dotée de facteurs de production équilibrés et complémentaires. La dotation et la mobilité du capital dans la région sont solides et soutiennent de grandes capacités de croissance. Le potentiel de mobilité de la main-d'œuvre est également très significatif puisque, en présence des politiques adéquates, il peut générer une offre de main-d'œuvre abondante et diversifiée, ce qui constitue un grand atout par rapport à d'autres pays qui commencent à souffrir d'un vieillissement accéléré de leurs populations (la Chine, par exemple).

Pour profiter pleinement de ce potentiel économique, il est indispensable que les trois pays définissent des politiques publiques qui partagent des questions économiques communs. Certains thèmes font évidemment références à des relations intra régionales. Mais d'autres thèmes, et il y en aura de plus en plus, sont de nature extra régionale et appartiennent à la relation de la région, comme un tout, avec le reste du monde.

Les grandes questions économiques de nature intra régionale sont liées à la logistique, à l'énergie, et à la main-d'œuvre. Nos gouvernements contribueraient grandement à la compétitivité de l'Amérique du Nord s'ils mettaient en œuvre un programme trilatéral de logistique, un autre programme concernant l'énergie, et enfin, un programme nord-américain de mobilité liée au travail.

Sur les questions économiques extra régionales communes, l'ordre du jour des discussions est de nature stratégique. Les négociations actuelles du TPP (Accord de partenariat transpacifique) et du TTIP (Partenariat transatlantique de commerce et d'investissement) présentent une opportunité unique pour engager un partenariat de nos trois gouvernements afin d'élaborer des politiques d'échanges ouvertes sur le reste du monde qui, se gardant de mesures protectionnistes, agissent pour une meilleure compétitivité de la région.

En conclusion, à l'issue de ces vingt ans, l'ALÉNA peut être aujourd'hui la plateforme à partir de laquelle s'établissent des politiques publiques conjointes qui stimulent la compétitivité de la région nord-américaine dans son ensemble et qui, par conséquent, peuvent entraîner un développement plus robuste et plus équitable des pays d'Amérique du Nord.

REFERENCIAS BIBLIOGRÁFICAS /
BIBLIOGRAPHIC REFERENCES

Alix Partners, 2011. *Costs and Complexity: The 2011 U.S. Manu-facturing-Outsourcing Cost Index - Will China Remain the Low-Cost Country of Choice?*

Bancomext, 1986. *Memorándum sobre el régimen de comercio exterior.*

The Boston Consulting Group, 2014. *The Shifting Economics of Global Manufacturing.*

Competitive Alternatives, 2011. *KPMG's Guide to International Business Location* en <http://www.apebc.ca/resources/CA2010_Vancouver_Jan18-2011.pdf>.

Consejo Coordinador Empresarial, sin fecha. *Coordinación Empresarial para el Tratado de Libre Comercio.*

Energy Information Administration, 2013. *International Energy Outlook 2013* en <http://www.eia.doe.gov/oiaf/ieo/>.

Energy Information Administration, 2013. *Technically Recoverable Shale Oil and Shale Gas Resources: An Assessment of 137 Shale Formations in 41 Countries Outside the United States* en <http://www.eia.gov/analysis/studies/worldshalegas/pdf/fullreport.pdf>.

Espinosa, E., y J. Serra, 2004. *Diez años del Tratado de Libre Comercio de América del Norte*, en F. García Alba *et al.* (comps), México, El Nuevo Milenio Mexicano, t. I, México en el Mundo. México, EON.

INEGI, 2013. *Análisis de la demografía de los establecimientos 2012.* <http://www.INEGI.org.mx/INEGI/contenidos/investigacion/experimentales/demog_establecimientos/default.aspx>.

Kehoe, T. J., 1995. *A Review of Mexico's Trade Policy from 1982 to 1994*, The World Economy: Global Trade Policy 18: 135-151.

Koopman, R., W. Powers, Z. Wang y S. Wei, 2010. *Give Credit where Credit is Due: Tracing Value Added in Global Production Chains*. National Bureau of Economic Research.

Kuntz, S., 2007. *El comercio exterior de México en la era del capitalismo liberal 1870-1929*. México, El Colegio de México.

Lederman, D., W. F. Maloney y L. Serven, 2005. *Lessons from* NAFTA *for Latin America and the Caribbean*. Washington, D. C., Banco Mundial.

Serra, J., 2010. *La apertura comercial*. Los grandes problemas de México. El Colegio de México.

Serra, J., 1994. *La reciprocidad internacional a la apertura económica de México*. Discurso pronunciado el 7 de julio de 1994 ante la Comisión de Comercio de la H. Cámara de Senadores.

Serra, J., 1992. *Conclusión de la negociación del Tratado de Libre Comercio entre México, Canadá y Estados Unidos*. SECOFI, V. Discurso de conclusión de negociación en el Senado de la República, LV Legislatura.

Serra, J., 1987. *El Pacto de Solidaridad Económica*, *Excélsior*, 23 de diciembre.

Serra, J., *et al.*, 1997. *Reflections on Regionalism: Report of the Study Group on International Trade*. Washington, DC, Carnegie Endowment for International Peace.

St. Maxens, T. F., 1991. *El sistema generalizado de preferencias arancelarias de EU y el impacto de un Acuerdo de Libre Comercio*. Acuerdo de Libre Comercio (número especial): 183-194.

Torres García, A., y O. Vela Treviño, 2002. *Integración comercial y sincronización entre los ciclos económicos de México y los Estados Unidos*. Banco de México, Documento de Investigación 2002-2006.

ÍNDICE/INDEX

EL TLC Y LA FORMACIÓN DE UNA REGIÓN
Un ensayo desde la perspectiva mexicana

NAFTA AND THE BUILDING OF A REGION
An Essay from the Mexican Perspective

El TLC y la formación de una región. Un ensayo desde la perspectiva mexicana / NAFTA and the Building of a Region. An Essay from the Mexican Perspective (edición bilingüe), de Jaime Serra Puche, se terminó de imprimir y encuadernar en febrero de 2015 en Impresora y Encuadernadora Progreso, S. A. de C. V. (IEPSA), Calz. San Lorenzo, 244; 09830 México, D. F. El tiraje consta de 1 500 ejemplares.